WELCOME

Führer des
Museums für
Kommunikation
Frankfurt

A Guide to the
Museum for
Communication
Frankfurt

WELCOME

**Ein Rundgang durch
das Museum für
Kommunikation
Frankfurt**

A guided tour
of the Museum for
Communication
Frankfurt

**Herausgegeben von
Helmut Gold**

Edited by
Helmut Gold

**Eine Publikation
der Museumsstiftung
Post und
Telekommunikation**

A publication
of the "Museumsstiftung
Post und
Telekommunikation"

Edition Braus

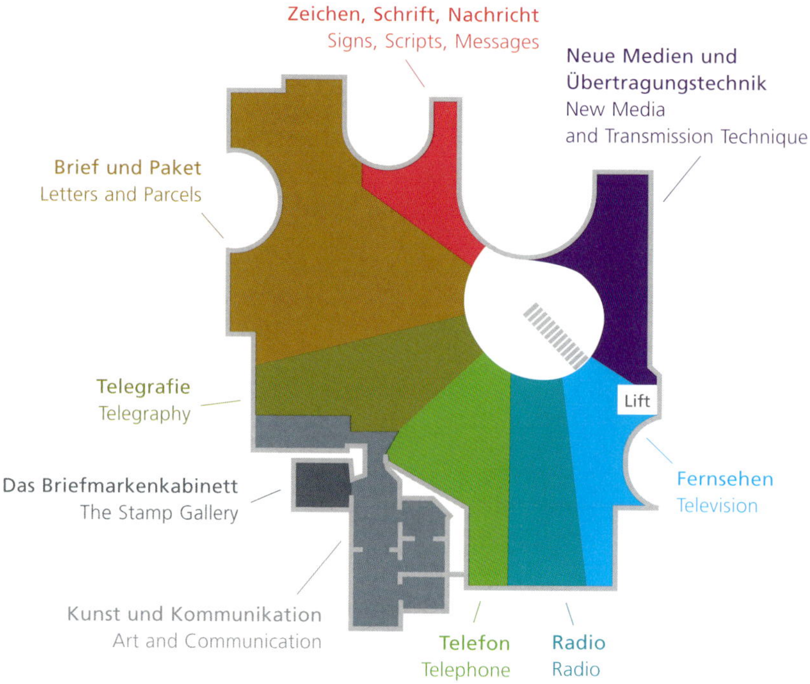
Zeichen, Schrift, Nachricht
Signs, Scripts, Messages
Neue Medien und Übertragungstechnik
New Media and Transmission Technique
Brief und Paket
Letters and Parcels
Telegrafie
Telegraphy
Lift
Das Briefmarkenkabinett
The Stamp Gallery
Fernsehen
Television
Kunst und Kommunikation
Art and Communication
Telefon
Telephone
Radio
Radio

Inhalt
Contents

Heinrich von Stephan legte den Grundstock für das Museumswesen der Post.
Heinrich von Stephan laid the foundations for the Post's Museum.

Das Museum für Kommunikation Frankfurt

Die Geschichte des Museums reicht zurück bis ins ausgehende 19. Jahrhundert, als Heinrich von Stephan (1831-1897), der spätere Generalpostmeister, 1872 mit der Einrichtung einer „Plan- und Modellkammer" den Grundstock für eine post- und telekommunikationsgeschichtliche Sammlung legte. Sein Ziel war, „die Entwicklung des Verkehrswesens von den Völkern des Altertums beginnend bis zur neuesten Zeit kulturgeschichtlich zu veranschaulichen ...".

Ein Haus für jedes Alter: Nicht nur Erwachsene, auch Kinder und Jugendliche lassen sich gern in die Welt der Kommunikation „entführen".
A house for all age groups: Expeditions to the world of communication are popular with adults, children and teenagers alike.

The Museum for Communication Frankfurt

The history of the museum reaches back to the end of the 19th century. By creating a "Plan and Model Chamber", the later Postmaster-General Heinrich von Stephan (1831-1897) began in 1872 to lay the foundation for a historical post and telecommunications collection. His aim was to "portray the development of the systems of communication from ancient to modern times through cultural history ...". The Reichspostmuseum was built in Berlin to accomodate this collection and was opened in 1898. The

Das ehemalige Reichspost-
museum, heute Museum
für Kommunikation Berlin.
Today the former Reichspost-
museum houses the Berlin
Museum for Communication.

Zur Präsentation der Sammlung wurde das Reichspostmuseum in Berlin errichtet, das 1898 seine Pforten öffnete. Das Museum, im Ostteil Berlins gelegen, wurde im Zweiten Weltkrieg stark beschädigt und Mitte der fünfziger Jahre in sehr viel bescheidenerem Umfang als „Postmuseum der DDR" wieder eröffnet. Teile der vor den Luftangriffen ausgelagerten Bestände gelangten nach Hessen und bildeten zusammen mit regionalen Sammlungen den Grundstock für das 1958 als westliches Pendant eröffnete Bundespostmuseum, das in einer Patriziervilla am Schaumainkai untergebracht wurde.

Im Zuge der Etablierung des Frankfurter Museumsufers in den achtziger Jahren mit zahlreichen prominenten Neubauten wurde auch für dieses Museum ergänzend zur Villa ein modernes Ausstellungsgebäude geplant. Aus dem Wettbewerb ging der Entwurf des Stuttgarter Architekturbüros Behnisch & Partner erfolgreich hervor. Er lässt von außen gesehen Alt- und Neubau als zwei getrennte Baukörper erscheinen, verbindet aber im Untergeschoss, das die Dauerausstellung auf rund 2500 qm beherbergt, beide Elemente. Die Dauerausstellung entstand anlässlich des Jubiläums „500 Jahre Post" und verfolgte das Ziel, die Institution und deren Historie darzustellen. Der mehrfach preisgekrönte Bau, der 1990 als Deutsches Postmuseum eröffnet wurde, besticht durch Transparenz und Offenheit und ermöglichte weitgehend den Erhalt des parkähnlichen Baumbestandes auf dem Grundstück. Die mittlerweile denkmalgeschützte Villa beherbergt heute Bibliothek, Verwaltung, Öffentlichkeitsarbeit und Direktion des Museums.

Seit 1995 gehört das Frankfurter Haus, wie die Schwestermuseen in Berlin, Nürnberg und Hamburg, zu einer öffentlich-rechtlichen Stiftung, die von den Aktiengesellschaften Deutsche Post und Deutsche Telekom in einem einzigartigen

museum situated in Berlin's east side, was extensively damaged during the Second World War and it wasn't until the mid 1950s that it reopened in a much reduced form as "Post Museum of the GDR". Prior to the bombing, parts of the collection had been stored elsewhere and were eventually brought to Hesse. Together with regional collections they formed a basic stock for a Western counterpart, which opened in 1958 in a patrician villa on the Schaumainkai in Frankfurt on the Main. In the course of establishing Frankfurt's museum quarter in the 1980s, many important new buildings as well as the extension and modernisation of this museum were planned. The Stuttgart bureau Behnisch & Partner won the architecture competition with their design. Their plan allowed the old and new buildings of this museum to appear as two separate constructions from the outside . The two elements, however, are connected to each other in the basement, an area of 2 500 square metres which houses the permanent exhibition.

The permanent exhibition came into being on the anniversary of 500 years of the post. Its main aim was to depict the institution and its history.

Zwei Gebäude – eine Einheit: Die stilvolle Villa und der moderne Neubau sind im Untergeschoss miteinander verbunden; dort befindet sich auch die Dauerausstellung.
Two buildings, one unit: The stylish villa and the modern new building are connected to each other in the basement, an area that also houses the permanent exhibition.

Public Private Partnership-Engagement getragen wird. Der Wandel vom Museum einer ehemals staatlichen Institution, vom Postmuseum, zu einem privat finanzierten Museum für Kommunikation bedeutete nicht nur organisatorisch, sondern vor allem inhaltlich einen Paradigmenwechsel hin zu einer thematisch wesentlich größeren Bandbreite.

„Medien erzählen Geschichte(n)" – Die Dauerausstellung heute

Im Juli 2004 eröffnete die neu konzipierte Dauerausstellung, die dem breiteren Fokus auf Kommunikationsgeschichte Rechnung trägt. Ziele waren darüber hinaus eine klar erkennbare Gliederung sowie eine umfassende Aktualisierung, gerade angesichts der rasanten Fortentwicklung der Telekommunikations- und Medientechnik.

Die Architektur von Günter Behnisch besticht in ihrem Zentrum durch einen zentralen Lichthof, der großzügige Durchblicke auf alle Geschossebenen ermöglicht. Ingeborg Flagge, Direktorin des Deutschen Architekturmuseums, bezeichnet das Haus als „einen der schönsten Museumsbauten Frankfurts, sicher aber als den heitersten". Diese offene und freundliche Atmosphäre galt es durch die Ausstellungsgestaltung zu bewahren, ohne gleichzeitig das Ziel einer stringenten Struktur aufzugeben.

Leicht und licht: Die Architektur des Museums besticht durch Offenheit und Transparenz und wurde mehrfach preisgekrönt.
The museum's architecture impresses with its spaciousness and transparency and has won many prizes.

Dem Gestalterbüro Studio Andreas Heller in Hamburg gelang es, beiden Anforderungen zu entsprechen. Der Lichthof, der zentrale Ort des Museums, wurde zugleich zum zentralen Ort der neuen Dauerausstellung. Er ist ein „Marktplatz" geworden mit einladenden Bänken und erleuchteten Großfotos, die gleichermaßen als Eyecatcher wie zur Orientierung dienen. Es wird spürbar, dass das Museum nicht nur zur Präsentation von Kommunikationsgeschichte dient, sondern zugleich selbst ein Ort der Kommunikation ist. Vom Lichthof aus erschließen sich – wie Tortenstücke – sieben Themenbereiche und ergeben so eine leicht nachvollziehbare Strukturierung des Raums, die durch das Grafik- und Farbkonzept sinnfällig unterstützt wird. Die Themen sind:

- **Zeichen/Schrift/Nachricht**
- **Brief und Paket**
- **Telegrafie**
- **Telefon**
- **Radio**
- **Fernsehen**
- **Neue Medien und Übertragungstechnik**

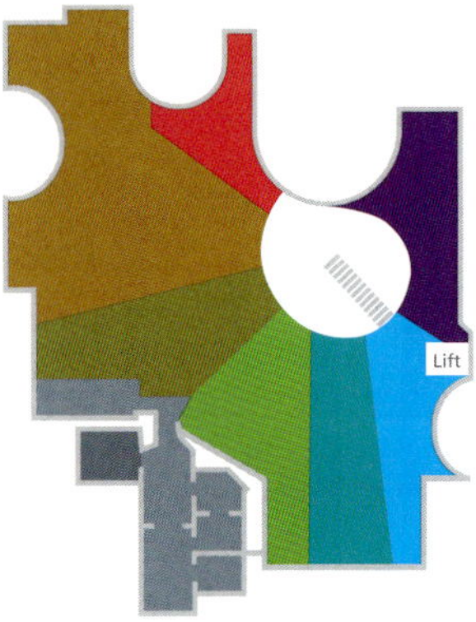

Grundriss der Dauerausstellung: Wie Tortenstücke sind die Themenbereiche um den zentralen Lichthof gruppiert.
The permanent exhibition's ground plan: Leading out from the central air well there are seven wedge-shaped theme zones.

Die Präsentationen der Kunstsammlung sowie der Philatelie (Briefmarkenkabinett) schließen sich in den Räumen unter der Villa an.

Zu Beginn jedes Themenbereiches stehen so genannte „Intros", außergewöhnlich gestaltete Eingangsinszenierungen, die in besonderer Weise das Motto der Dauerausstellung vermitteln: „Medien erzählen Geschichte und Geschichten". Die Geschichte der Kommunikation wird dabei übergreifend in ihrer Bedeutung für Gegenwart und Zukunft thematisiert. Medienkompetenz zu vermitteln, heißt in unserem Selbstverständnis, nicht nur die technischen Entwicklungen im Blick zu haben, sondern auch die Art und Weise der Mediennutzung und die Inhalte der transportierten Botschaften.

The German Post Museum was opened in 1990. The building has won many prizes and is striking through its transparency. As far as possible its park-like surroundings have been preserved. The villa, which is now classified as a historical monument, today houses the library, administration, public relations and the management of the museum.

Since 1995 the Frankfurt museum and its sister museums in Berlin, Nuremberg and Hamburg belong to a public foundation which is carried by the corporation of the German Post and the German Telecom in a unique Public-Private-Partnership-Engagement. The transition from a state institution, i.e. the Post Museum, into a privately financed Museum for Communication not only entailed an organisational but overall a paradigmatic change towards a thematically broader spectrum.

Der Lichthof als Treff- und Ausgangspunkt auch für Gruppen.
Meeting and starting point: The central air well.

"The Medium tells its (Hi)story" – The Permanent Exhibition Today

Opened in July 2004, the newly conceived permanent exhibition takes a broader focus on communication history into account. The aims were, moreover, a clearly recognizable structure and an extensive actualisation, especially in view of the rapid development of telecommunications and media technology. Günter Behnisch's architecture has a central air well, which allows generous views onto all levels. Ingeborg Flagge, head of the German Museum of Architecture describes the building as "one of Frankfurt's most beautiful museum buildings and certainly the brightest". It was paramount that the architecture's open and friendly atmosphere should be preserved by the exhibition's design without giving up the exhibition's clear-cut structure.

The design bureau Studio Andreas Heller in Hamburg succeeded in combining both demands. The museum's central air well is at the same time the centre of the new permanent exhibition. It has become a "market place" with its inviting benches

Telefonvermittlung interaktiv: Die Wählscheibe am Telefon ist für viele Kinder heute schon Geschichte, die nur im Museum erfahrbar wird.
Interactive telephone exchange: For many children the phone dial is a thing of the past. Only in the museum can they see how it works.

Nach den Eingangsinszenierungen öffnet sich in den Themenbereichen die Welt der Objekte. Das Museum schöpft aus den Beständen der Museumsstiftung, das Frankfurter Depot beherbergt auf rund 15 000 qm Depotfläche den wohl größten Sammlungsbestand zur Kommunikationsgeschichte in Deutschland, wenn nicht in Europa. Nur ein Bruchteil kann jeweils ausgestellt werden: Das älteste gezeigte Exponat ist ein Tontäfelchen aus dem 21. vorchristlichen Jahrhundert, das jüngste ein Werbeplakat zum Börsengang der Postbank.

Neben vielen einzigartigen Originalen, wie dem ersten Postbus in Deutschland aus dem Jahre 1905 oder den frühesten Telefonbauformen von Philipp Reis, gibt es zahlreiche interaktive Stationen: Ob automatische Telefonvermittlung von 1916 oder moderne Briefverteilanlage, Morsegerät oder Fernschreiber – viele Geräte sind voll funktionsfähig und vom Besucher bzw. im Vorführbetrieb in Gang zu setzen. Interaktiv sind ebenfalls die zahlreichen Audio- und TV-Stationen, die unter anderem Glanzlichter der Radio- und Fernsehgeschichte zeigen.

and large illuminated photos, which as well as being eye-catchers, serve the purpose of orientation. It becomes obvious that the museum not only presents communication history but also is, in itself, a place of communication. Leading out from the central air well there are seven wedge-shaped theme zones. The result is an easily comprehendible structure, intelligibly supported by a graphic and colour concept. The themes are:

- Signs/Script/Messages
- Letters and Parcels
- Telegraphy
- Telephone
- Radio
- Television
- New Media and Transmission Technology

Both the art collection as well as the Philately (stamp gallery) are presented in the villa's adjoining basement rooms.

At the entrance of each theme zone there is an unconventionally designed introductory area, which communicates the permanent exhibition's motto "The Medium tells its (Hi)story". The history of communication is thereby comprehensively presented in its significance for the present and the future. In our view media competence is not only conveyed through technical developments but also in the way that a medium is used and, furthermore, through the contents that a message communicates.

After the introductory area the theme zones open up their realm of objects. The museum draws upon its Foundation's stock. Within a 15 000 square metre area the Frankfurt museum houses the greatest collection of communication history artefacts in Germany, if not in Europe. Only a fraction of this can be put on display at any one time. The oldest item shown is a clay tablet dating from the 21st century B.C.; the youngest is an advertisement for the admittance of the Post Bank on the stock exchange.

Außerdem wurde das Café im Erdgeschoss des Museums modernisiert und mit einer attraktiven Außenterrasse versehen. Die Mitmachwerkstatt und das Forum im ersten Obergeschoss wurden ebenfalls neu gestaltet. Damit konnte 2004 die komplette Überarbeitung der Dauerausstellung abgeschlossen werden – vorerst zumindest, denn kaum ein Thema unterliegt einer solchen Dynamik und Veränderung wie Kommunikation, es verlangt eine fortlaufende Aktualisierung!

Bei schönem Wetter lockt die Außenterrasse zum Verweilen.
On sunny days the open-air terrace invites you to linger for a while.

Auch für das leibliche Wohl ist bestens gesorgt. Das modernisierte Café im Erdgeschoss bietet die leckersten Brownies der Stadt – und nicht nur das.
The modernised cafe on the ground floor has the best Brownies in town – and much more.

Besides having many unique items on display, e.g. Germany's first post bus dating from 1905 or the earliest telephone design by Philipp Reis there are also various interactive platforms: Whether it is an automatic telephone exchange from 1916, a modern letter sorting apparatus, a Morse telegraph or a telex machine – many of the items are fully functional and can be operated by the visitor or a member of the museum staff. The numerous audio and visual platforms showing highlights from radio and television history are equally interactive.

Additionally the cafeteria, which is situated on the ground floor, has been modernised and now includes an attractive open-air terrace. The children's workshop and the forum on the first floor have also been redesigned. With this the complete renovation of the permanent exhibition came to its close in 2004 – temporarily at least, because there is hardly a theme in existence so subject to change as communication. A subject, which demands continuous actualisation!

Zeichen, Schrift, Nachricht

Die ältesten Schriftzeugnisse der Dauerausstellung sind Tontäfelchen aus dem 21. Jahrhundert v. Chr. Als Fundort gilt die Region südlich von Bagdad im heutigen Irak. Die in sumerischer Schrift abgefassten Listen enthalten Zahlen und Personennamen; es handelt sich wohl um die Abrechnung verschiedener Einnahmen und Ausgaben.

The oldest written evidence on display in the permanent exhibition are the clay tablets from the 21st century B.C. They were found on site south of Baghdad in present day Iraq. These lists, which include numbers and personal names, are written in the Sumeric alphabet and are probably balance sheets with various income expenditures.

Signs, Scripts, Messages

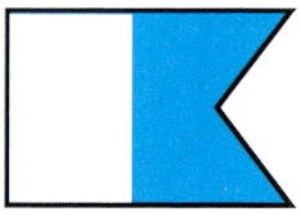

A
Alpha

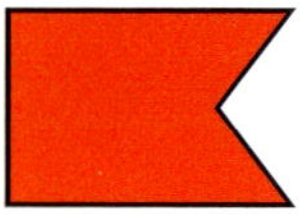

B
Bravo

C
Charlie

Wenn es galt, Nachrichten über größere Distanzen hinweg weiterzutragen, nutzten Menschen in früheren Zeiten vor allem die traditionellen Medien Rauch, Licht und Feuer. Im Laufe der Zeit kamen kompliziertere Signalsysteme dazu – etwa das hier abgebildete Flaggenalphabet, das zur optischen Nachrichtenübermittlung in der Schifffahrt dient und erst in den 1930er Jahren eingeführt wurde.
When it came to conveying messages over long distances people used to rely on the traditional mediums of smoke, light and fire. In the course of time more complicated signalling systems evolved – e.g. the semaphore alphabet depicted here. Introduced in the 1930s, it is used for the visual transmission of messages between ships.

Erste Botschaften
Die Wiege der Schriftkultur liegt in Mesopotamien. Als ältestes bekanntes Schriftsystem entstand zwischen Euphrat und Tigris um 3100 v. Chr. die Keilschrift. Täfelchen aus Uruk, einer bedeutenden Stadt unter den Sumerern, bilden dazu die wichtigsten Belege. Die städtische Verwaltung nutzte die Tafeln für ihre Buchhaltung.

Die Schrift ist ein Speichermedium. Sie ermöglicht es, Wissenswertes aufzubewahren. Die gespeicherten Informationen können so an einen anderen Ort transportiert oder in eine andere Zeit überliefert werden. Schrift entlastet das Gedächtnis. Sie ist ein wesentlicher Teil menschlicher Zivilisation.

Die frühen Schriften sind Bilderschriften. In Annäherung an die gesprochene Sprache entstanden aus ihnen Wortschriften. Erst im Laufe der Zeit entwickelte sich daraus eine Silben- und Buchstabenschrift. Unter den Phöniziern wurde dann ein erstes Alphabet entwickelt, aus dem etwa im Jahr 1000 v. Chr. das griechische Alphabet mit modernen Vokalzeichen hervorging. Ab 600 v. Chr. entwickelte sich Rom zum kulturellen Zentrum der nunmehr lateinischen Schrift, die wiederum die Voraussetzung für das Weiterleiten von Botschaften bildet.

Informationen können aber auch auf andere Art, ohne Worte, übermittelt werden. Rauch, Licht und Feuer bilden den Kanon der traditionellen Medien. Dabei beschränkten sich die bereits in der Antike bekannten Signaltechniken auf einfache Aussagen – etwa ein bei Bedrohung durch ein feindliches Heer verabredetes Zeichen.

Heerführer machten die Erfahrung, dass mit Lichtzeichen große Reichweiten zu erzielen sind. Messungen zufolge ist ein brennender Holzstoß von etwa vier Metern Höhe noch in einer Entfernung von rund 100 km zu erkennen. Daher wurden optische gegenüber akustischen Reizen bevorzugt.

Early Communication

The cradle of writing culture lies in Mesopotamia. The oldest known system of writing, the cuneiform script, originated in the area between the Euphra-tes and Tigris around 3100 B.C. The tablets from Uruk, an important settlement under the Sumerians, form the main evidence. Uruk's municipal administration used these tablets for its book-keeping.

Writing is a storage medium, which enables us to save important knowledge. This accumulated information can thus be transported to another location or a different time. Writing supports memory and is an essential part of human civilisation.

Early forms of writing are pictorial. In the convergence towards the spoken word pictorial writing developed into the written word. In the course of time a syllable and letter system of writing evolved. The Phoenicians invented the first alphabet from which the Greek alphabet containing modern vowel letters emerged around 1000 B.C. From 600 B.C. onward Rome became the cultural centre of the currently u sed Latin script. This formed the precondition for the transportation of messages.

Tintenfass und Schreibutensilien aus vorchristlicher Zeit.
Inkpot and writing utensils from the pre-Christian period.

Tontafel aus Mesopotamien, etwa 2200-2000 v. Chr., auf der in Keilschrift ein Verwaltungstext steht.
Clay tablets from Mesopotamia, circa 2200 to 2000 B.C. The cuneiform inscriptions are administrative texts.

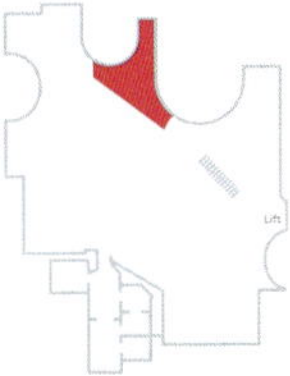

Post vor der Post

Lange Zeit bevor es reguläre Postanstalten gab, lag die Beförderung von Briefen, Geldern und Waren in Händen eines geordneten ständischen Botenwesens. Die Klöster und Kaufleute, Städte und Universitäten verfügten über jeweils eigene Botendienste.

Kaufleute hatten ganz Mitteleuropa mit Handelsniederlassungen vernetzt. Ihre Botenkooperationen sorgten bereits im 14. Jahrhundert für regelmäßige Kurierverbindungen Oberitaliens mit Frankreich, Deutschland, den damaligen Niederlanden und England. Expressboten legten die Strecke zwischen Florenz und Antwerpen in kaum mehr als vier Tagen zurück.

Dem Aufschwung der Handelszentren verdankte das städtische Botengewerbe eine gesteigerte Nachfrage. Dabei setzten sich ordnungspolitische Regelungen durch, die dem Gewerbe zu eigenem Profil verhalfen. Die Städte beriefen eigens vereidigte Botenmeister und führten Botenbücher ein, in denen Aufträge registriert wurden. Für die Stadt Frankfurt am Main liegen Botenbücher seit 1385 vor.

Der Bote Henchin Hanauwe in Sommer- und Winterkleidung.
The messenger Henchin Hanauwe in summer and winter attire.

Information can also be conveyed by other means than words. Smoke, light and fire are the basis of traditional communication transmission. Signalling techniques, which were already known in ancient times, were reduced to conveying basic messages – such as a prearranged signal to indicate the approach of an enemy force. Experience showed military leaders that light signals could cover remarkably great distances. According to measurements it is possible to identify a burning four metre high woodpile over a distance of 100 km. Consequently visual rather than acoustic means were favoured.

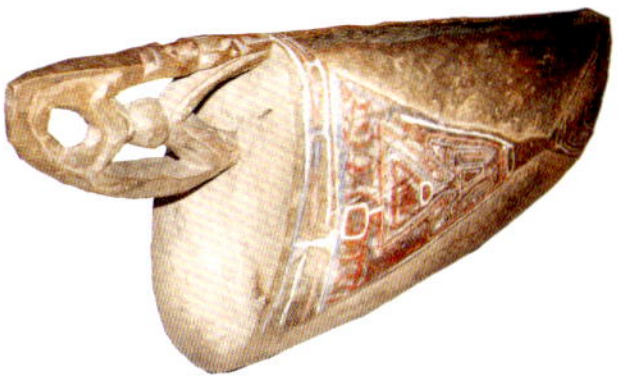

Nachrichtentrommel aus Papua Neu Guinea. Die Schlitztrommel fand besonders bei rituellen Feierlichkeiten Verwendung.
Messenger drum from Papua New Guinea. The slit drum was mainly used during ritual festivities.

The Post before the Post

Long before the existence of regular postal institutions the conveyance of letters, money and goods was in the hands of orderly corporate messenger services. Monasteries, merchants, towns and universities each had an own messenger service at their disposal.

Throughout Central Europe merchants had created a network of trading companies. Already in the 14th century messenger cooperations provided regular courier connections between Northern Italy, France, Germany, the former Netherlands and England. Ex-press couriers were able to cover the distance between Florence and Antwerp in not more than four days.

The booming trading centres let the demand for the municipal messenger trade increase. This, in turn, led to the enforcement of legal regulations, which provided the trade with an individual profile. Towns began to appoint specifically sworn in master messengers and introduced messenger books to register orders. The City of Frankfurt has kept messenger books since 1385.

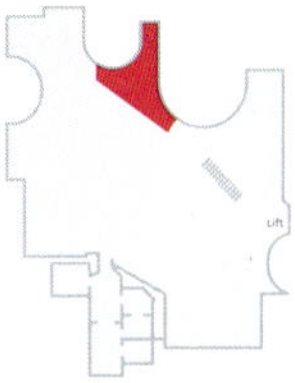

Gedruckte Nachrichten

Der Buchdruck mit beweglichen Lettern gilt als eine der wichtigsten Erfindungen der Frühen Neuzeit. Er hat die Vervielfältigung und Verbreitung von Schriftgut revolutioniert. Die Erfindung ist untrennbar mit dem Namen des Mainzer Druckers Johannes Gutenberg (um 1400-1468) verbunden. Ältere Reproduktionsverfahren – von der mühevollen Abschrift abgesehen – erschöpften sich im Druck einseitiger, auch mit Texten versehener Holzschnitte. Die dabei benutzten starren Platten ersetzte Gutenberg durch bewegliche auswechselbare Typen. Für den Abdruck auf Papier oder Pergament wurde der Satz mit Druckerschwärze eingefärbt, einer Mischung aus Leimöl und Ruß.

Die Kunst des Buchdrucks verbreitete sich von Mainz aus rasch und bildete die technische Voraussetzung für die Entstehung von gedruckten Nachrichten. Das Wort Zeitung bedeutet ursprünglich so viel wie Neuigkeit, Nachricht. In größerer Zahl erschienen „Neue Zeitungen" im 16. Jahrhundert als Einblattdrucke und Flugblätter. Sie berichteten über Sensationen wie Naturkatastrophen, wobei das Produkt an ein jeweils konkretes Ereignis geknüpft war.

Arbeit in der Schreibstube. Die Abschrift galt als weit verbreitetes Reproduktionsverfahren, bis Johannes Gutenberg im 15. Jahrhundert den Buchdruck mit beweglichen Lettern erfand.

A writing room at work. Transcription was a widely accepted reproduction method until the 15th century when Johannes Gutenberg invented book printing with interchangeable letters.

Printed News

Book printing with interchangeable letters is considered to be one of the most important inventions of modern times, revolutionizing the multiplication and distribution of the written word. This invention is inseparably linked with the name of the Mainz printer Johannes Gutenberg (around 1400-1468). Earlier reproduction methods – apart from arduous transcription – reached their ultimate peak through the printing of one-paged woodcut texts. Gutenberg replaced the rigid plates with flexible and interchangeable type sets. In order to print on paper or parchment the set was dyed with printer's ink, a mixture of distemper and soot.

The art of book printing rapidly spread out from Mainz and brought about the technical requirement for developing printed news. The German word "Zeitung" originally meant news or message. In the 16th century "Neue Zeitungen", newspapers, appeared in increasing numbers as one-page printouts and flyers. They reported on sensations such as natural catastrophes and only appeared in connection with such events.

"Real" newspapers evolved during the early 17th century. These were published on a regular weekly basis and thereby adapted to the rhythm of the existing postal service, which normally ran once or twice weekly. Many postmasters used their key position as a trading post for news in order to produce and distribute newspapers as a lucrative sideline.

In 1615 the Frankfurt postmaster Johann von den Birghden took on the task of newspaper publisher. Initially his newspaper was without a title and from 1621 appeared weekly, soon attaining a circulation of 450 copies. More post and messenger masters followed his example: Berlin (1617), Vienna (1625), Hamburg (1630), Leipzig (1632), Regensburg (1654) and later Cologne and Nuremberg.

Einblick in historische Zeitungen.
A glance into historical newspapers.

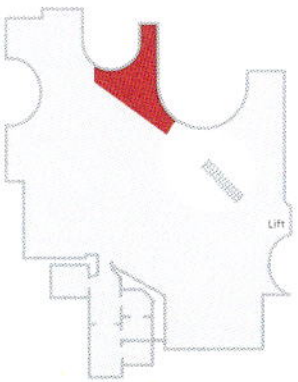

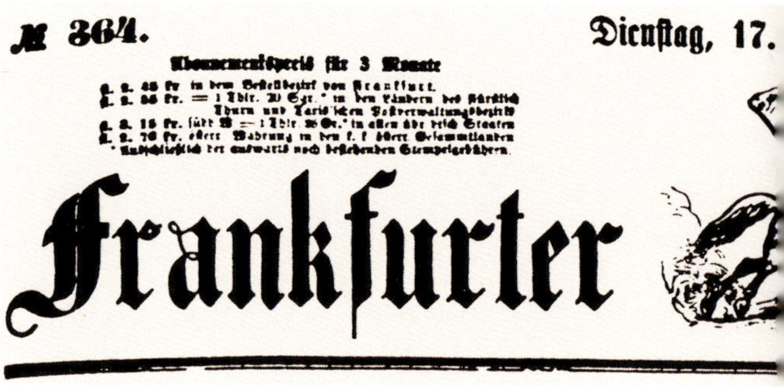
№ 364. Dienstag, 17.

Abonnementspreis für 3 Monate

Frankfurter

Letzte Ausgabe der „Frankfurter Postzeitung" vom 17. Juli 1866, die fast 250 Jahre erschienen war.
The last issue of the "Frankfurter Postzeitung" from July 17th, 1866. It had been in publication for more than 250 years.

Zu „echten" Zeitungen entwickelten sich die Druckwerke erst im frühen 17. Jahrhundert durch regelmäßiges, anfangs wöchentliches Erscheinen. Damit passten sie sich dem Rhythmus des damaligen Postverkehrs an. Auch die Post verkehrte im 17. Jahrhundert gewöhnlich ein bis zweimal in der Woche. Nicht wenige Postmeister nutzten ihre Schlüsselposition als Umschlagplatz für Nachrichten, um im Nebenerwerb selbst Zeitungen herzustellen und zu vertreiben.

Im Jahr 1615 nahm der Frankfurter Postmeister Johann von den Birghden eine Tätigkeit als Zeitungsverleger auf. Seine zunächst titellose Zeitung erschien ab 1621 wöchentlich und erreichte bald eine Auflage von 450 Exemplaren. Weitere Post- und Botenmeister folgten seinem Beispiel, so in Berlin (1617), Wien (1625), Hamburg (1630), Leipzig (1632), Regensburg (1654), später auch in Köln und Nürnberg.

Für die Zeitungsproduktion nutzte Birghden Synergien in geschickter Weise. Er fasste die bei ihm ohnehin eintreffenden Neuigkeiten zusammen, druckte sie in Eigenregie und vertrieb die fertige Zeitung wiederum über das von ihm beaufsichtigte Postnetz. Die Frankfurter „Oberpostamtszeitung" wurde über eine Zeit von annähernd 250 Jahren gedruckt. Erst mit dem Einmarsch Preußens in Frankfurt im Jahr 1866, der das Ende der Thurn und Taxis'schen Post besiegelte, hatte sie ihr Erscheinen einzustellen.

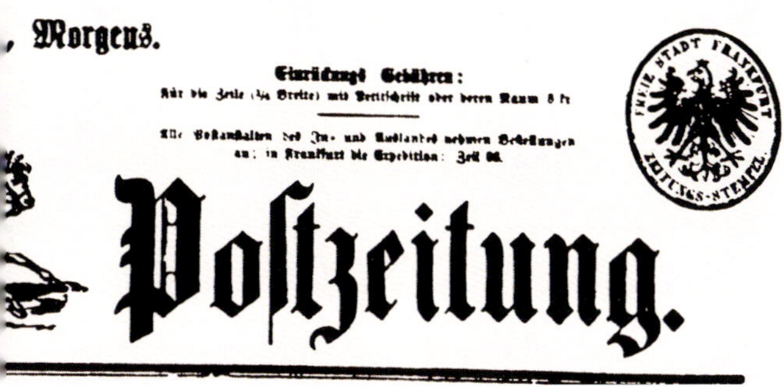

For his newspaper production Birghden utilised synergies in a clever way. He summarised the incoming news, printed it himself and then distributed the finished newspaper through the postal network, which was under his supervision. The Frankfurt "Oberpostamtszeitung" was in publication for more than 250 years. Only after the annexation of Frankfurt by Prussia in 1866, which also marked the end of the Thurn and Taxis' Post, the "Oberpostamtszeitung" ceased to exist.

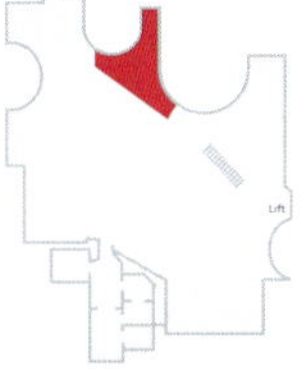

Brief und Paket

Ein Postfund als ungelöster Fall

Als im Jahr 1889 das Frankfurter Amtsgericht in ein neues Gebäude umzog, entdeckte man beim Ausräumen einen größeren Packen mit ungeöffneten Briefen aus dem Jahr 1585. Die Briefe waren als Beweisstück dorthin gelangt und einem kaiserlichen Postreiter auf dem Weg von Norditalien nach Köln und Antwerpen abhanden gekommen – irgendwo im Hunsrück zwischen Rheinhausen und Wöllstein.

War es ein Überfall? In dieser Gegend hatte bereits vor einigen Jahren ein dreister Raub stattgefunden, als ein Postreiter am helllichten Tag bei Eckweiler von bewaffneten Reitern „angesprengt, niedergeworfen und beraubt" worden war. Doch nicht nur Diebstahl wäre denkbar: Vielleicht haben auch konkurrierende Stadtboten, die um ihre Vorrechte und ihre Existenz kämpften, die Briefe „beschlagnahmt". Möglich aber auch, dass die eigenen Posthalter den Weitertransport verweigerten aus Ärger über rückständige Lohnzahlungen durch die Taxis'sche Post. Denn viele Posthalter – auch der Wöllsteiner – waren 1585 in einen „Streik" getreten. Aber nicht nur die Spekulationen über das Verschwinden der Briefe erweisen sich als spannend, der Frankfurter Brieffund bietet auch einen faszinierenden Einblick in die alltägliche Korrespondenz der Frühen Neuzeit, als die organisierte Postbeförderung begann.

Letters and Parcels

The Unsolved Case of the Lost Letters

In 1889, when Frankfurt's district court moved out of its existing building into new premises, a larger sized parcel containing unopened letters dating from 1585 was discovered. The letters had got there to be used as evidence. These had originally gone missing somewhere between Rheinhausen and Wöllstein in the Hunsrück and had been carried by an "Reichspost"-messenger riding from Northern Italy via Cologne to Antwerp.

Was it a robbery? A few years previously, in the same district near Eckweiler a post messenger had been set upon and robbed in broad daylight by armed horsemen. Robbery, however, was not the only possi-

ble motif. Perhaps rival town messengers, fighting for their privileges and existence, had confiscated the letters. It's also possible that the local postmasters had prevented the further transport because they were angry about their repeatedly unpaid wages by their employer, the "Taxis'sche Post". Also in 1585 many postmasters had gone on 'strike', including the one from Wöllstein. Not only is it very interesting to speculate about the disappearance of these letters, but at the same time we also gain a fascinating glimpse into the daily correspondence of early modern history when the first organised postal services were founded.

Ein sogenanntes Felleisen, ein Briefpostbehälter, 16. Jahrhundert: Aus stabilem Holz gefertigt mit Lederbespannung, außerdem verschließbar, um die Briefe unbefugtem Zugriff zu entziehen.
A mail delivery bag, 16th century: Made from wood with a leather casing, it could be locked in order to protect the letters from unauthorised access.

Bestellungen, Mahnungen und Reklamationen
Die 1585 verschwundenen Briefe stammen aus Rom, Mailand, Venedig, Genua und anderen oberitalienischen Städten. Wesentlich handelt es sich um Geschäftspost – darin unterscheiden sie sich kaum von heutigen Briefen. Neben Bestellungen, Reklamationen und Warenproben finden sich darunter auch zahlreiche Wechsel, das damalige Gegenstück zur Überweisung. Gehandelt wurde vor allem mit teuren Stoffen, exotischen Luxuswaren und modischen Accessoires – persischer Seidentaft, Pfauenfedern oder Gewürze aus Indien.

Die Post hatte die Kommunikationsgewohnheiten verändert. Anders als früher wurde der Briefwechsel seit Gründung der Post stetiger und regelmäßiger. In den Kanzleien und Kontoren stellte man sich auf den wöchentlichen Abgangstag der Post ein – und erwartete vom Geschäftspartner Antwort mit der nächsten Post in Gegenrichtung.

Briefe privaten Inhalts waren seinerzeit in der Minderzahl. Stets ging es um Wichtiges; für Belanglosigkeiten war die Post zu kostspielig. Daher wuchs die Menge privater Briefe nur langsam. Erst im 18. Jahrhundert entwickelte sich eine ausgesprochene Briefkultur – allerdings nur innerhalb eines kleinen, gebildeten Teils der Bevölkerung. Trotz der schon im 18. Jahrhundert ausgerufenen Schulpflicht erhielt 1842 jeder Deutsche im Durchschnitt nur zwei Briefe im Jahr.

Als mit Einführung der Briefmarke ab 1840 das Porto billiger wurde, stieg auch die Zahl der Briefe. 1852 bekam jeder Deutsche bereits zehn Stück im Jahr. Nun berichtete man nicht nur Wichtiges, sondern zunehmend auch Alltägliches. 1870 wurde schließlich in einigen deutschen Ländern die Postkarte eingeführt – ein ideales Medium für kurze Nachrichten. Ab 1872 verdoppelte sich die Briefmenge alle zehn Jahre. Heute erhält jeder Deutsche im Jahr 250 Briefe, Postkarten und Drucksachen.

Orders, Reminders and Complaints

The missing letters of 1585 came from Rome, Milan, Venice, Genoa and other North Italian towns. Mostly they were business letters, hardly differing from the post of today. Beside orders, complaints and samples of goods, numerous bills, which are referred to as transfers today, were also to be found. The main trading was in expensive material; exotic luxury goods and fashionable accessories e.g. Persian silks, oriental precious stones, peacock feathers or Indian spices.

The post had changed the habits of communication. The exchange in letters became more regular and constant, since the post was founded. Offices adjusted to the weekly outgoing post days and they expected replies from their business partners with the next post delivery.

Private letters were, at that time, the smallest item of the post. The postal service was, therefore, only used for conveying important matters, as it was far too expensive for exchanging trivialities. The sending of private mail only increased very slowly. It wasn't until the 18th century that a pronounced letter culture emerged but then only among the educated members of society. Although compulsory education had become law in the 18th century, still in 1842, every German received, on average, only two letters per year.

Norddeutsches Postgebiet.
Correspondenz-Karte.

An Herrn ... Mendelsohn

Bestimmungsort: Berlin

Wohnung des Empfängers, wenn sie mit Sicherheit angegeben werden kann.

Zur gefälligen Beachtung beim Gebrauch der Correspondenz-Karte.

1) Formulare, welche mit der Freimarke bereits beklebt sind, können bei allen Postaufgabestellen, Briefträgern und Landbriefträgern bezogen werden; für das Formular selbst wird nichts berechnet.
2) Der obige Vordruck für die Adresse ist deutlich und vollständig auszufüllen.
3) Die **Rückseite** des Formulars kann in ihrer ganzen Ausdehnung zu brieflichen Mittheilungen jeder Art benutzt werden, welche, sowie die Adresse, mit Tinte, Bleifeder oder farbigem Stifte geschrieben sein können.
4) Die Entnahme von Postvorschuß ist bei Correspondenz-Karten nicht zulässig; dagegen ist das Verfahren der Recommandation, sowie der Expreßbestellung gestattet.
5) Die Correspondenz-Karte kann zu schriftlichen Mittheilungen sowohl innerhalb des Norddeutschen Postgebiets, als auch für den Verkehr nach den Süddeutschen Staaten, nach Oesterreich und Luxemburg benutzt werden.
6) Der Absender ist nicht verpflichtet, sich namhaft zu machen.

Anfangs mit Skepsis betrachtet – die Postkarte galt als offen und indiskret –, doch sehr bald schon millionenfach verwendet. Zunehmende Mobilität und Urbanisierung verlangten nach neuen Formen der Korrespondenz.

Initially postcards were viewed with skepticism and considered too revealing and indiscrete. Before long, however, they were in use millionfold. Increasing mobility and urbanisation called for new forms of correspondence.

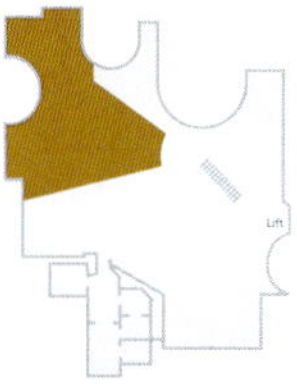

Gründung der Post

Im Jahr 1490 beauftragte der spätere Kaiser Maximilian I. die Familie der Taxis mit der Einrichtung der für das damalige Reich ersten Postverbindung. Sie führte von Innsbruck nach Mechelen bei Brüssel und sollte die Innsbrucker Residenz mit dem Zentrum von Maximilians niederländischen Provinzen verbinden. Das Besondere war das Staffettensystem: Postreiter brachten Briefe und Päckchen von einer Poststation zur nächsten, wo sie ihr Transportgut an einen ausgeruhten Kollegen mit frischen Pferden übergaben, der sofort zur nächsten Posthalterei weitergaloppierte. Auf diese Weise konnte die Tagesleistung von durchschnittlich 20 auf 120 bis 150 km gesteigert werden – eine für damalige Verhältnisse ungeheure Entfernung.

Doch schon bald vermochte Maximilian seine teuren Postverbindungen nicht mehr selbst zu finanzieren. Daher beförderten die Taxis ab 1506 zusätzlich auch private Korrespondenz: Die Taxis'sche Post wandelte sich zu einer öffentlich zugänglichen Institution mit festen Gebühren und regelmäßigen Abgangszeiten.

Ihr weit verzweigtes Familienunternehmen war den nur regional organisierten Boten überlegen. Aber die Post der Taxis war auch ein vom Staat privilegiertes Unternehmen; dadurch wurde der Ausbau eines flächendeckenden Netzes überhaupt erst möglich. Im Jahr 1615 erhielt die Familie Thurn und Taxis das Amt des Generalpostmeisters als erbliches Lehen zugesprochen.

Nach dem Dreißigjährigen Krieg (1618-1648) entstanden in vielen deutschen Territorien eigene Postanstalten. Den Landesherren ging es neben der Kontrolle über die Postbeförderung vor allem auch um die beträchtlichen Überschüsse. Für den Briefverkehr jedoch war die territoriale Zersplitterung hinderlich: Die Gebühren jedes Briefes wurden an der Grenze der nachfolgenden

The introduction of the postage stamp in 1840, however, made postage cheaper resulting in an increase in private mail. By 1852 each German began to receive ten letters per year. Not only was important news exchanged but also everyday events were now related. The introduction of the postcard in 1870 meant that millions of people soon found this an ideal way of exchanging short information. After 1872 the number of letters sent doubled every ten years. Today, each German receives 250 letters, postcards or printed matter per year.

Founding of the Post

In 1490 the future emperor Maximilian I. directed the Taxis family to set up the first postal connection in the German Reich. It ran from Innsbruck to Mechelen near Brussels and was intended to connect the Innsbruck residence with Maximilian's low country provinces. Their relay system was remarkable: post riders took letters and parcels from one post house to the next where a rested colleague with fresh horses was ready to receive the goods to be transported. He immediately set off at a gallop to the next post house. In this way, the daily output of 20 km could be increased to a 120, even a 150 km, which was an immensely long distance for that period.

But it wasn't before long that Maximilian I. did not want to continue to finance his expensive post connections. In 1506, therefore, the Taxis began to

Postillion als Friedensreiter, Holzschnitt aus Anlass des Westfälischen Friedens, 1648.
Post rider and peace messenger, woodcarving commemorating the Westphalian Peace, 1648.

Postverwaltung einzeln in Rechnung gestellt, die Teilbeträge auf dem Brief vermerkt, bis der Empfänger am Ende einer langen Beförderungskette das Gesamtporto bezahlte. So entstanden umständliche Berechnungen, die manchmal sogar zwischen gleichen Orten variierten.

Mit dem Ende des alten Kaiserreiches 1806 erlosch das Reichsposterblehen für die Fürsten von Thurn und Taxis. Die postalische Einheit Deutschlands wurde erst später militärisch hergestellt: 1871 entstand mit dem Deutschen Reich die kaiserliche Reichspost.

Die ersten Briefmarken

Im Jahr 1840 beseitigte Großbritannien das herkömmliche Porto/Franco-Verfahren. Ein von der Entfernung unabhängiges, billiges Einheitsporto wurde nun stets vom Absender, nicht mehr vom Empfänger entrichtet. Um die Bezahlung zu vereinfachen, wurden aufklebbare Wertzeichen verwendet – die ersten Briefmarken.

Die „One Penny Black" wurde 1840 als erste Briefmarke der Welt in Großbritannien herausgegeben und fungierte für viele der folgenden Marken als Vorbild.
Issued by Great Britain in 1840, the "One Penny Black" was the world's first postage stamp and served as an example to many of the following stamps.

Die britischen Reformen machten bald Schule. 1849 führte Bayern als erster deutscher Staat die Briefmarke ein. Die Kunden frankierten nun selbst und warfen ihre Briefe in die sich verbreitenden Kästen ein, statt sie am Schalter abzugeben.

Hinter dem Einheitsporto stand eine gewandelte Auffassung von der volkswirtschaftlichen Aufgabe der Post. Sie sollte den Kontakt zwischen Geschäftspartnern erleichtern und so den industriellen Aufschwung unterstützen. Denn das preiswerte Porto machte die Briefbeförderung für weite Teile der Bevölkerung überhaupt erst erschwinglich.

Klare Regeln beim Versand über Grenzen hinweg – so lautete auch das Ziel des 1874 in Bern gegründeten Weltpostvereins. Davor war die Beförderung von Briefen und Paketen ins Ausland kompliziert und zeitraubend. Nach maßgeblichen Vorarbeiten des späteren Generalpostmeisters Heinrich von Stephan vereinheitlichte der Welt-

carry private correspondence as well. The Taxis' Post with its fixed prices and regular dispatch times became a public institution.

This family business with its wide network soon became superior to any locally organised post messengers. The Taxis family post was, however, a state privileged business and only through this was an extension of their comprehensive network at all possible. In 1615 the Taxis family was granted the position of postmaster-general as feudal tenure.

After the Thirty Years' War (1618-1648) many German territories formed their own postal services. Apart from having control over the post transfer, the sovereigns were mostly interested in gaining high profits. The territorial divisions, however, were a hindrance to postal traffic. After crossing each border the following post office charged for each letter. These charges were listed on every letter until, eventually, the recipient paid the total price of the listed charges. This resulted in complicated calculations, which sometimes even varied between the same places. With the end of the Holy Roman Empire in 1806, the feudal postal tenure of the Dukes of Thurn and Taxis also came to an end. The postal unity of Germany was brought about by the military: In 1871 with the founding of the Second German Reich the "Reichspost" also came into being.

Teilnehmer des Weltpostkongresses in Wien, 1891.
Participants of the World Postal Congress in Vienna, 1891.

postverein international die Porto- und Gewichtsstufen und erleichterte damit den internationalen Waren- und Briefverkehr, was sich wiederum auf die Wirtschaft günstig auswirkte.

Öffentlich – Privat

Im 19. Jahrhundert galt die private Taxis-Post als schädlich für die Volkswirtschaft. Es herrschte die Ansicht vor, die Post müsse mit hohen Überschüssen zur Finanzierung der Staatshaushalte beitragen. Erst Ende des 19. Jahrhunderts setzte sich die Meinung durch, die Post habe mit ihren Infrastrukturleistungen Handel, Verkehr und Gewerbe zu fördern. Dabei blieb es auch im 20. Jahrhundert, als der Staat mit der Post überall ein angemessenes Angebot an Kommunikationsdienstleistungen sicherte. Ihre Überschüsse aus den Telekommunikationsdiensten – oder Verluste im Postbereich – blieben allerdings ein fester Posten im Staatshaushalt.

Erfolgreiche Privatisierungen im Ausland zeigten, dass es zur Versorgung der Bürger mit Post- und Fernmeldediensten keines staatlichen Monopols bedarf und der Wettbewerb den Verbrauchern zugute kommt. Die Europäische Union trieb den Marktöffnungsprozess voran. Die Bundespost wurde 1989 zunächst in drei Unternehmensbereiche aufgeteilt: Postdienst, Telekom und Postbank, die 1995 in Aktiengesellschaften umgewandelt und schrittweise an die Börse gebracht wurden.

Parallel zur Privatisierung erfolgte die Abschaffung der bisherigen Monopole: Neue Wettbewerber erhielten Zugang zum Markt, der Staat beschränkt sich seither auf die Regulierung der Kommunikationsmärkte.

The first Postage Stamps

In 1840 Great Britain abolished its previous postal rating. From now on the sender of post paid the cheaper independent postage unit. In order to simplify payment a stamp was stuck on the post – the first postage stamp.

Others were soon to follow the example of the British reform. In 1849 Bavaria became the first German state to introduce the postage stamp. Instead of taking them to the counter, customers put a stamp on the letter themselves and posted them in the widely available post boxes.

Behind the concept of a unified postage stood the altered perception of the national economic task of the post. It served to lighten the contact between business partners, thereby supporting the industrial boom. For a large part of society, cheaper postage made using the post affordable for the first time.

Clearly laid out rules on dispatch over borders: This was the declared goal of the Universal Postal Union founded in Berne in 1874. Previous to this the conveyance of letters and parcels had been complicated and time consuming. After substantial preparation by the future Postmaster-General Heinrich von Stephan the Universal Postal Union standardised international postage and weight tables, thereby making the international goods and letter traffic easier. This, in its turn, was favourable to commerce.

Gut und preiswert: Der VW „Käfer" galt als zuverlässiges und preiswertes Fahrzeug, weshalb er seit 1945 bei der Post verwendet wurde und noch Ende der 1980er Jahre im Einsatz war.
Considered cheap and reliable, the VW "Beetle" was in service for the Post from 1945 till the late 1980s.

Public – Private

In the 19th century the Taxis' Post was regarded to be detrimental to the national economy. The opinion reigned that the post had to contribute to the national budget with its excess profits. Only at the end of the 19th century was the opinion generally accepted that the post with its infrastructure had to support the development of trade, traffic and business. This continued into the 20th century with the post ensuring an adequate choice of communication services. The profits from the telecommunication services or the

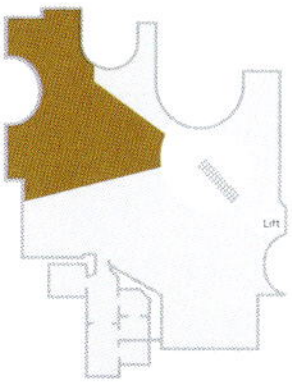

Beförderung der Post

Früher hatten Boten die Briefe persönlich überbracht. Die besondere Neuerung der Thurn und Taxis'schen Post bestand darin, dass sie den Transport als Stafette organisierte, und dadurch die Lieferzeit enorm verkürzte. Ab 1650 beförderten dann fahrplanmäßige Postwagen neben den Passagieren auch Briefe und Pakete. 1821 wurde der Schnellpost-Reiseverkehr eingeführt, zugleich trennte man die verschiedenen Beförderungsaufgaben. Briefe und Pakete wurden nun separat auf die Reise geschickt: Charakteristisch war dabei der Beiwagen, der der Postkutsche vorausfuhr oder nachfolgte.

Von den 1840er Jahren an verlagerte sich der Überlandtransport der Post auf die schnellere Eisenbahn, deren Netze allmählich entstanden. Die pferdebespannten Fuhrwerke transportierten Briefe und Pakete nur noch von den Bahnhöfen zu den Orten ohne Bahnanschluss. Sie versahen auch den innerstädtischen Zustelldienst. Ab 1925 wurden die Pferdepostwagen allmählich durch Kraftfahrzeuge ersetzt. Ihre Zahl stieg von 9000 im Jahr 1928 auf 23500 im Jahr 1938. Nach dem Zweiten Weltkrieg wurde die Bundespost mit 48000 Fahrzeugen zum größten zivilen Kraftfahrzeughalter Europas.

Motorroller Heinkel Tourist 103 A-2 von 1961 für die Telegramm- und Eilzustellung bei der Deutschen Bundespost.
Motor scooter Heinkel Tourist 103 A-2. Used by the German Federal Post for telegram and express deliveries in 1961.

Immer schneller ans Ziel

Die Eisenbahn brachte einen entscheidenden Geschwindigkeitsschub mit sich, denn ab 1848 wurde die Post nicht nur in den Zügen transportiert, sondern von mitreisenden Postbeamten während der Fahrt auch noch sortiert und bearbeitet. Bald richtete die Post ihren gesamten Betrieb auf die Eisenbahn aus, in Bahnhofsnähe entstanden neue Postämter. Schon um 1900 fuhren die Züge jedoch so schnell, dass die Zeit zum Sortieren immer knapper wurde. Auch die Haltephasen an den Bahnhöfen verkürzten sich

Postwagen für Briefe und Pakete wurden ab 1925 zunehmend durch Kraftfahrzeuge ersetzt, im ländlichen Raum blieben sie bis 1956 im Einsatz.

Post coaches for the delivery of letters and parcels were gradually replaced by motor vehicles from 1925 onward. In rural areas they remained in service until 1956.

losses in the postal sector remained steadfast in the state economy.

Successful privatisation abroad had shown that the population's supply with postal and telephone services did not require a state monopoly and that competition profited the consumers. The European Union drove the open market process forward. In 1989 the German Federal Post was divided into three undertaking areas: postal service, telecommunication and postal banking. These were transformed in 1995 into joint stock companies and step by step were brought to the stock exchange.

Parallel to privatisation the abandonment of existing monopolies took place: New competitors gained entry to the market and the state has since restricted itself to regulating communication market.

Conveyance of the Post

Messengers used to deliver the post personally. The particular innovation of the Thurn and Taxis' Post was their relay system, which greatly reduced delivery times. From 1650 mail-coaches were used to transport passengers as well as letters and parcels. They ran according to timetables. In 1821 the express post and

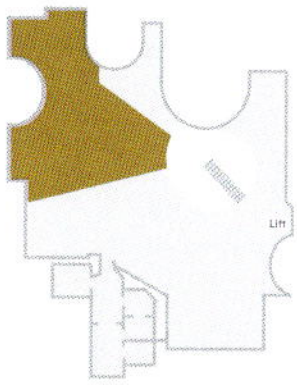

zunehmend, so dass die Zeit zum Entladen kaum reichte. Als die Bahnpost Mitte der 1950er Jahre an die Grenze ihrer Leistungsfähigkeit gelangte, begann man die Briefverteilung zu automatisieren. Mit der Bahn wurden nun zunehmend bereits fertig sortierte Briefe transportiert.

Dazu kam noch ein anderes Beförderungsmittel: Ab 1919 begann die Deutsche Reichspost mit regelmäßigen Luftpostfrachten. Die Briefe gelangten schneller ans Ziel, waren aber auch viel teurer als herkömmlich beförderte Post. Um Gewicht zu sparen, wurden Umschläge und Briefbögen aus besonders dünnem Papier verwendet. Inzwischen werden alle Postsendungen durch die Luft befördert, wenn es der Zeitgewinn rechtfertigt – im Inland alle Briefe über eine Entfernung von mehr als 450 km. Luftpostzuschläge gibt es dafür schon lange nicht mehr. Für kürzere Strecken werden LKWs eingesetzt, denn die Bahnpost hat 1997 ihren Betrieb eingestellt.

Für Ziele in Übersee bedient sich die Post heutzutage hauptsächlich Flugzeugen. Früher jedoch wurden dafür Schiffe eingesetzt, ursprünglich beförderten Handelsschiffe die Post, meist zu Handelsposten und Kolonien. Später, nach Gründung des Deutschen Reiches 1871, verkehrten Reichspostdampfer, deren Linien jedoch durch den Ersten Weltkrieg eingestellt wurden.

Sortieren

Zur Zeit der Postkutschen genügte meist noch ein Schrank mit wenigen Fächern, um die Post auf die abgehenden Postwagen zu verteilen. Doch die Briefmenge wuchs stetig. Schließlich verlangte das Sortieren geografische Kenntnisse der 24000 Postorte Deutschlands und des Transportwegs, über den ein Brief mittels Bahnpost an seinen Bestimmungsort geleitet werden sollte. Denn die Post wurde ab 1922 vor dem Versand in mehreren

Schneller auf dem Luftweg: Übernahme von Flugpost auf dem Flughafen Berlin-Johannistal in den 1920er Jahren.

It's quicker by air: Transfer of airmail at the Berlin-Johannistal airport in the 1920s.

passenger traffic was introduced. At the same time the various transport assignments were split up. Letters and parcels were now sent separately. Characteristic for this was the second carriage, which either went ahead of or followed behind the mail-coach.

From the 1840s the overland post transport was shifted onto the faster railway with its gradually emerging network. The horse drawn coaches then only transported letter and parcels from railway stations to places, which had no rail connection. They also served the town centre's delivery service. Gradually, from 1925 motorised vehicles replaced the horse drawn mail-coaches. Their number rose from 9000 in 1928 to 23500 in 1938. After the Second World

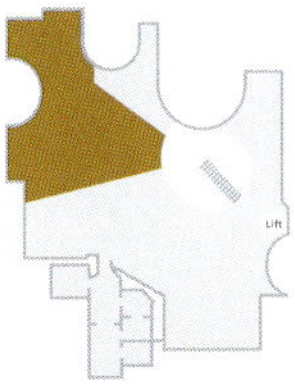

Schritten sortiert: Erst in der Grobverteilung nach Städten und Regionen, dann in der Feinverteilung nach Transportweg und Zustellpostamt. Dort angekommen, durchliefen die Sendungen einen weiteren Sortiervorgang: Zunächst auf die Zustellbezirke der Briefträger, diese ordneten die Post dann in der Reihenfolge ihres Weges.

Da die Zahl der jährlichen Briefsendungen unaufhaltsam stieg, wurde im Jahr 1961 die Briefverteilung neu organisiert: Als erstes Land der Welt führte die Bundesrepublik Postleitzahlen ein, die – obwohl damals heftig diskutiert – heute in vielen Ländern selbstverständlich sind. Die Postleitzahlen waren Voraussetzung für die automatisierte Verteilung der Post. Anfangs wurden die Briefe noch einzeln mit der Hand codiert und dann maschinell sortiert. Heute erkennen Anschriftenleser etwa 85 % der Anschriften korrekt.

Moderne Dienstleistung im Container: Unter der Marke DHL bündelt Deutsche Post World Net das nationale und internationale Paket- und Expressgeschäft als Logistikdienstleister Nr. 1.

Modern container service: Under the brand name DHL the German Post World Net amalgamates the national and international express business into the world's No. 1 logistic service provider.

Briefverteilanlage, die zunächst in München, später, bis 2004, in Cottbus eingesetzt war. Sie kann bis zu 30000 Briefe in der Stunde sortieren – heute im Vorführbetrieb des Museums.
Letter distribution machine: It first saw service in Munich and was relocated to Cottbus in 2004. Within an hour it can sort out up to 30000 letters – and is now on show in the museum.

War the German Federal Post with its 48000 vehicles was the largest civilian automobile owner in Europe.

Faster to its Destination

The railway brought an increase in speed. In 1848 not only was the post transported by rail but also the post office workers travelled with it, sorting and arranging it en route. Soon the post adjusted its entire business to the railways, setting up post offices in close proximity to the railway stations. By 1900, however, the trains travelled so fast that the sorting times became shorter and shorter. The stops at the stations also became shorter, leaving less time for unloading. When the railway postal service had reached the limits of its capacity in the mid 1950s, the sorting of letters began to be automated. This meant that the railway now increasingly transported mail, which had previously been sorted.

Also another means of transport was added. From 1919 the Imperial German Post introduced a regular airmail service. Although the letters now arrived quicker at their destination, they were much more expensive to send. In order to reduce the weight the envelopes and sheets of paper were much thinner and lighter. Today all post is sent by air if time is

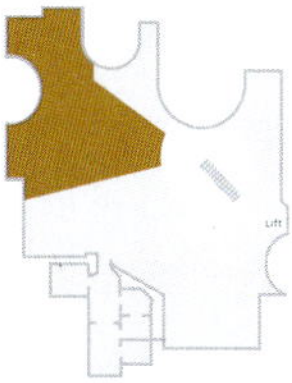

Vom Boten zum Briefträger
Auch unsere heutigen Briefträger gab es längst nicht immer: Ursprünglich wurden eingetroffene Briefe durch einen Aushang öffentlich bekannt gegeben. Jeder Adressat hatte durch einen Besuch des Postamtes selbst herauszufinden, ob dort eine Sendung für ihn eingetroffen war. Im 17. Jahrhundert wurden die Briefe von privaten Boten gegen ein Entgelt zugestellt. Im 18. Jahrhundert entwickelten sich daraus die Briefträger, die vom örtlichen Posthalter bezahlt wurden. Erst 1825 wurden die Briefträger Teil der Postverwaltung und gehören seither selbstverständlich zum Straßenbild.

Das selbstständige Postamt existierte ebenfalls nicht von Anfang an. Es entstand als Gebäudetyp im 18. Jahrhundert, als die preußische und die kursächsische Staatspost die ersten Postämter errichteten. Davor genügten meist die Wohn- oder Geschäftsräume der jeweiligen Posthalter und Amtsvorsteher. Mitte des 19. Jahrhunderts dann wurde die Schalterhalle zum architektonischen Mittelpunkt der Postämter. Nach 1871 sollten die prunkvollen Repräsentationsbauten der Reichspost der Würde und Macht des neu entstandenen Kaiserreichs Ausdruck verleihen. Später präsentierte sich die Post dann wieder zurückhaltender und zweckmäßiger.

Post und Geld
Mitte des 17. Jahrhunderts erlaubte die Post den Versand von Bargeld in Briefen und Paketen. Der Betrag wurde auf dem Umschlag vermerkt, die Post haftete für den Verlust. Da es Banken im heutigen Sinne noch nicht gab, ermöglichte die Post Geschäftsleuten, Handwerkern und Landwirten damit den Transfer auch geringer Beträge.

saved by doing so. This includes domestic destinations, which are over a distance 450 km. Surcharge for airmail has long been abolished. Trucks are used for shorter distances because in 1997 the rail post shut down their service.

Today the post mainly uses aeroplanes for overseas destinations. Ships used to transport the post. Originally merchant ships conveyed the mail, mostly to ports of trading posts and the colonies. Later, with the founding of the German Reich in 1871, "Reichspost" steamers were in operation. Their services were shut down as a consequence of the First World War.

Sorting

At the time of the mail-coach a cupboard with a few pigeonholes was sufficient for distributing the outgoing mail. The amount of letters, however, increased steadily. Eventually the sorting required geographical knowledge of the 24000 postal destinations in Germany and of the transport routes over which a letter should be directed by means of rail post. From 1922 the post was sorted in several steps before dispatch: First in rough sorting according to towns and regions, then in fine sorting according to transport route and delivery post office. When it arrived there the post went through a further sorting process: At first in accordance to the delivery area of the postmen, who then sorted the post in sequence of their way.

Because the annual number of letters continually increased, the letter sorting process was reorganised in 1961. Germany was the first country in the world to introduce postal codes, although at that time heavily debated, now it is a matter of course in many countries. Postal codes were a precondition for the automated sorting of the post. At first letters were still coded individually by hand and then mechanically sorted. Today the address scanner recognises approximately 85 % of the addresses correctly.

Posthausschilder aus dem 18. Jahrhundert.
Coach house signs from the 18th century.

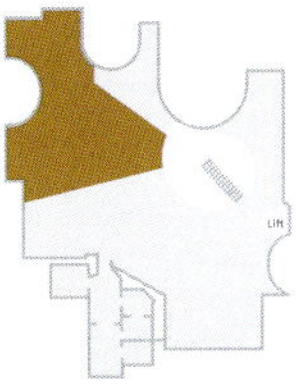

Ab 1848 wurde das Geld nicht mehr bar verschickt, sondern der Betrag auf einem leeren Umschlag vermerkt, die wie Wertbriefe befördert wurden: Der Empfänger bekam die Summe ausbezahlt. Ab 1865 verwendete man statt der Briefumschläge eigene Formulare – die Postanweisungen. Mit dem Postscheckdienst wurde ab 1909 der bargeldlose Zahlungsverkehr ermöglicht. Von Postgirokonten konnte man nun in jedem Postamt Überweisungen durchführen.

Bei Gründung der Renten- und Unfallversicherung 1889 übernahm die Post den Geldverkehr der Versicherungsträger. Nur über die Postämter konnten die Renten deutschlandweit ausbezahlt werden. Die Post zog auch die Beiträge ein, denn die Arbeitgeber mussten bei den Postämtern Versicherungsmarken kaufen. Bis in die 1960er Jahre zahlten die Postämter alle Renten an bestimmten Tagen bar aus, bevor der bargeldlose Zahlungsverkehr eingeführt wurde.

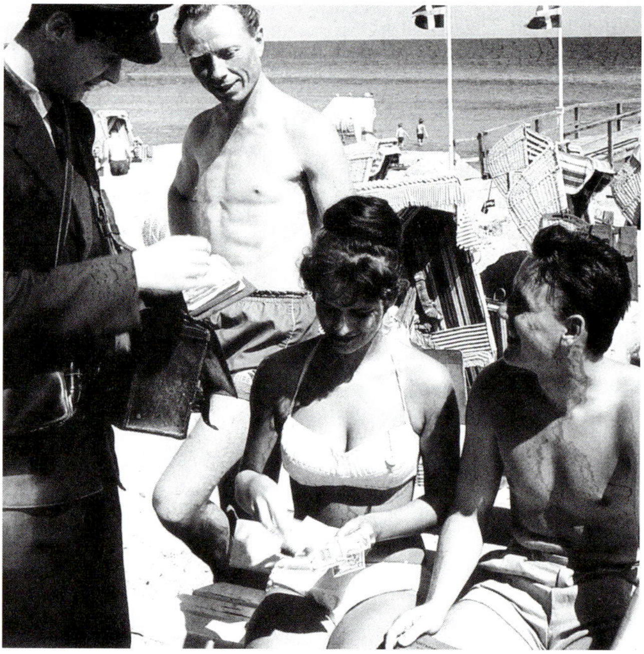

Geld in jeder Lebenslage vor Einführung der EC-Karte: Ein Briefträger überbringt eine Auszahlung vom Postsparbuch zu einer Strandpension.
Easy money access before the introduction of the EC card: A postman delivers a money transfer from a postal savings account to a seaside guesthouse.

From Messenger to Postman

We didn't always have our present day postmen. Originally incoming letters were public ally announced on a notice board. Every recipient had to go to the post office to find out if any mail had been delivered for him. In the 17th century letters were delivered by a private messenger against payment. Postmen derived from this in the 18th century and they were paid by the local postal authority. Only in 1825 were the postmen part of the postal administration, since then they have naturally become a feature of our streets.

Independent post offices also did not exist from the beginning. They evolved as a type of building in the 18th century when the Prussian and the Kursächsische State Post erected the very first post offices. Often the living and business premises of the corresponding postal authority and head officials had before been sufficient. In the middle of the 19th century the main hall became the architectural centre of the post offices. After 1871 the magnificent prestigious "Reichspost" buildings lent an expression of dignity and power to the newly formed empire. Later the post presented itself more restrained and practical.

Spardose im Design eines Standbriefkastens der Deutschen Reichspost, der im Original aus Gusseisen war.
Piggy bank in the design of a post box of the German "Reichspost". The original was made of cast iron.

Post and Money

In the middle of the 17th century the post permitted cash to be sent in letters and parcels. The amount was noted on the envelope and the post was made liable for any losses. As banks did not yet exist in today's sense, the post made it possible for business people, craftsmen, and farmers to transfer even small amounts of money.

From 1848 money was no longer transferred in cash. Instead the amount was noted on an empty envelope, which was sent on similar to bonds: The sum was paid out to the recipient. From 1865 instead of envelopes specific forms were used – the postal order. The introduction of the postal giro service in 1909, a cashless money transfer was made possible. From then on in every post office transfer could be made using a postal giro account.

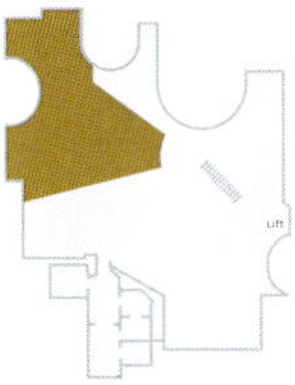

Die Idee zu Sparkassen entstand Anfang des 19. Jahrhunderts. Arbeiter und kleine Gewerbetreibende sollten die Möglichkeit bekommen, Sparguthaben anzulegen. In England wurde bereits 1861 eine Postsparkasse gegründet. Im Deutschen Reich scheiterte die Postsparkasse lange Zeit am erfolgreichen Widerstand der Banken und kommunalen Sparkassen. Erst nach dem gewaltsamen Anschluss Österreichs 1939 wurde die dortige Postsparkasse auf das gesamte Reich ausgedehnt.

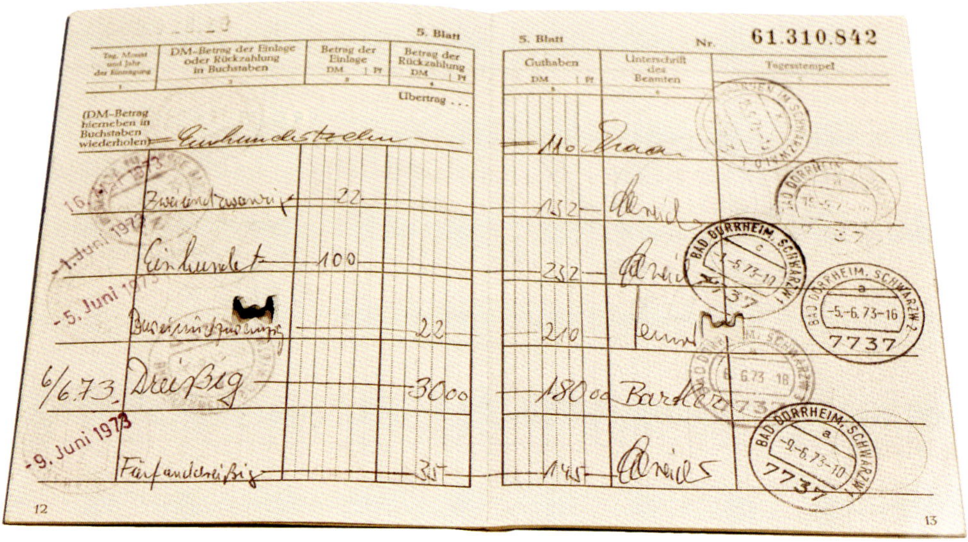

Ein Klassiker – das blaue Postsparbuch. Früher warb die Post dafür mit Slogans wie: „Bekommst Dein Geld im kleinsten Fleck, fährst mit dem Postsparbuch Du weg."
A classic – the blue Post Office savings book.

Nach dem Zweiten Weltkrieg führte die Bundespost den Postsparkassendienst weiter. Vor allem die Möglichkeit, Geld im Ausland abzuheben, machte das blaue Postsparbuch bei den reisefreudigen Deutschen populär. Im Zuge der Postreform wurden die verschiedenen Finanzdienstleistungen wie Postsparen und Postgiro in der Postbank zusammengefasst.

With the setting up of the pension- and accident insurance in 1889 the post took over the insurers' money transactions. Throughout Germany pensions could now only be paid out by the post office. The post office also collected the contributions since the employers had to purchase insurance stamps at the post office. Prior to the introduction of cashless payment transactions up till the 1960s the post office paid out pensions in cash on fixed days.

The concept for saving banks evolved at the beginning of the 19th century. Workers and small businesses were given the opportunity to invest their money in saving accounts. Already in 1861 a postal savings bank was introduced in England. In the German Empire the introduction of postal savings banks failed for a long time due to the successful resistance of the banks and local savings banks. Only after the forced annexation of Austria in 1938 was the existing postal savings bank extended throughout the whole German Reich.

After the Second World War the Federal German Post continued the postal savings service. Particularly the convenience of being able to draw money abroad made the blue postal savings books popular among the travel hungry Germans. In the course of the postal reform the various financial services like postal savings and postal giro were combined in the post bank.

Travelling with the Post

Up until the end of the Thirty Years' War most travellers had to organise their onward journeys themselves. From 1650 the post began with the introduction of regularly operating mail-coaches from which a comprehensive traffic system established itself by the end of the 17th century. The state run post travel caused an institutionalisation of travel so that the customer could be certain that the onward journey would continue. The mail-coach became the essence of travel and compared with using your own coach was much more affordable.

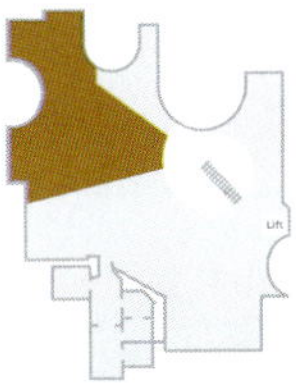

Reisen mit der Post

Bis zum Ende des Dreißigjährigen Krieges mussten die meisten Reisenden ihr Weiterkommen selbst organisieren. Ab 1650 begann die Post mit der Einrichtung regelmäßig verkehrender Postkaleschen, woraus bis zum Ende des 17. Jahrhunderts ein flächendeckendes Verkehrsnetz entstand. Die staatliche Fahrpost bewirkte eine Institutionalisierung des Reisens, da der Kunde sicher sein konnte, am nächsten Ort fahrplanmäßig weiterbefördert zu werden. Die Postkutsche wurde zum Inbegriff des Reisens und war im Vergleich zur eigenen Kutsche erschwinglicher.

Wesentlich schneller war man allerdings mit der Eisenbahn unterwegs. Daher wurden mit dem Aufkommen von Zügen ab den 1840er Jahren die Fernverbindungen mit der Postkutsche eingestellt. Diese füllte fortan nur noch die Lücken im Eisenbahnnetz und wurde später nach und nach durch Autobusse ersetzt. Postbuslinien gab es vor allem im Regionalverkehr und für Ausflugsfahrten. Durch die zunehmende Motorisierung der privaten Haushalte nach dem Zweiten Weltkrieg wurde das Liniennetz jedoch unwirtschaftlich. Spätestens ab den 1950er Jahren waren die Postbusse ein Verlustgeschäft.

Seit den 1970er Jahren wurde der oft parallel laufende Busbetrieb von Bundespost und Bundesbahn vereinigt und in Regionalverkehrsgesellschaften privatisiert. 1985 fuhr dann der letzte Postbus – nach mehr als 300 Jahren stellte man den Personentransport schließlich ganz ein.

Der erste Kraftomnibus wurde 1905 auf der Strecke Bad Tölz – Lenggries eingesetzt. Er brachte es auf stolze 18 km/h und konnte 17 Fahrgäste aufnehmen.

The first motorised post coach was put into service on the Bad Tölz – Lenggries route in 1905. It ran at a proud 18 km/h and was able to take on 17 passengers.

Of course it was considerably faster to travel by train. For this reason in the 1840s with the development of the rail service long distance travel by coach was discontinued. It was then only used to fill in the gaps in the railway network and later was gradually replaced by motorised coaches. Post buses were used for regional service and for excursions. The increasing ownership of private cars after the Second World War made the original route network uneconomical. By the 1950s the post buses were running at a loss.

Since the 1970s the bus service of the Federal Post and the Federal Railways, which often ran parallel, were united and privatised into regional transport companies. 1985 saw the last post bus, so that finally after 300 years this passenger transport service was completely abolished.

Die alte "Primatische Post" im Rahmhof Frankfurt am Main, Farblithografie von Emil Rumpf, um 1840.
The old "Primatische Post" in the Rahmhof Frankfurt am Main, colour lithography by Emil Rumpf, around 1840.

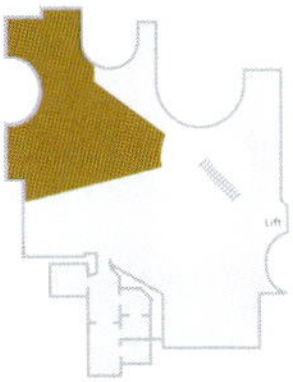

Telegrafie

Die Titanic-Telegramme

In der Nacht vom 14. auf den 15. April 1912 kollidierte der Luxusdampfer „Titanic" auf seiner Jungfernfahrt mit einem Eisberg, der das Schiff auf annähernd 90 Meter Länge aufschlitzte. 703 Überlebende wurden in ihren Rettungsbooten Zeugen des Untergangs, für 1503 Passagiere und Besatzungsmitglieder kam jede Hilfe zu spät. „Sinking, wants immediate assistance!" lautete der gleichermaßen knappe wie dramatische Funkspruch von der „Titanic", der sich ordnungsgemäß auf den Formbogen der Marconi International Marine Communication protokolliert findet. Bei der Katastrophe auf hoher See spielte das Medium Funk in mehrfacher Hinsicht eine entscheidende Rolle: Am Abend war das Funkgerät ausgeschaltet worden, so dass Alarmmeldungen in der Nähe passierender Schiffe – nicht weniger als fünf Eiswarnungen wurden missachtet – erst gar nicht zur „Titanic" durchdrangen. Noch im selben Jahr zog eine internationale Funkkonferenz die nötigen Konsequenzen. Sie vereinheitlichte die Bestimmungen für den Schiffsfunk und machte den ununterbrochenen Wachdienst zur Pflicht.

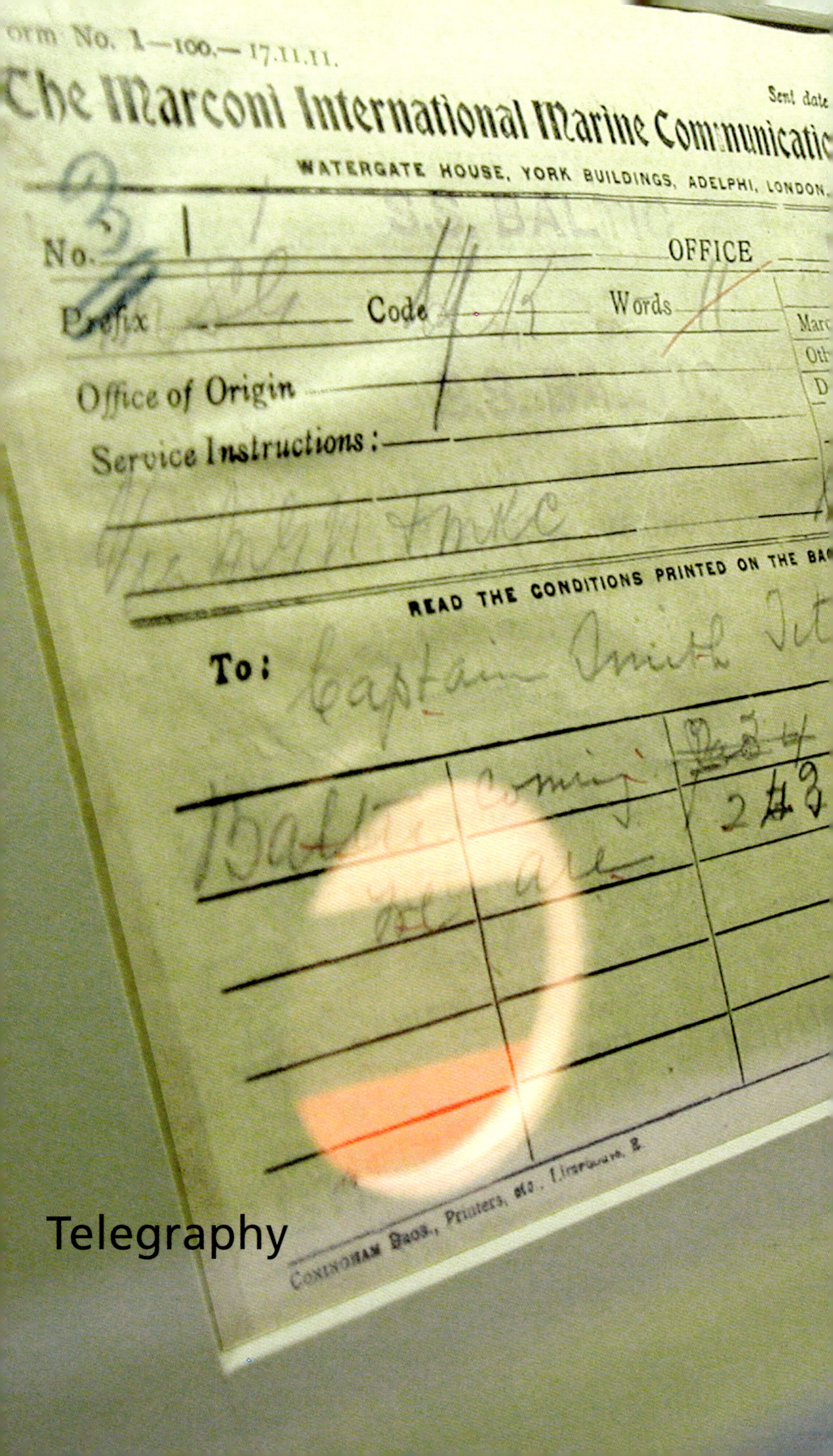
Form No. 1—100.—17.11.11.

The Marconi International Marine Communicatio

Sent date

WATERGATE HOUSE, YORK BUILDINGS, ADELPHI, LONDON.

No. 1   OFFICE

Prefix   Code   Words

Office of Origin

Service Instructions:

READ THE CONDITIONS PRINTED ON THE BA

To: Captain Smith

243

Coningham Bros., Printers, etc., Liverpool, E.

Telegraphy

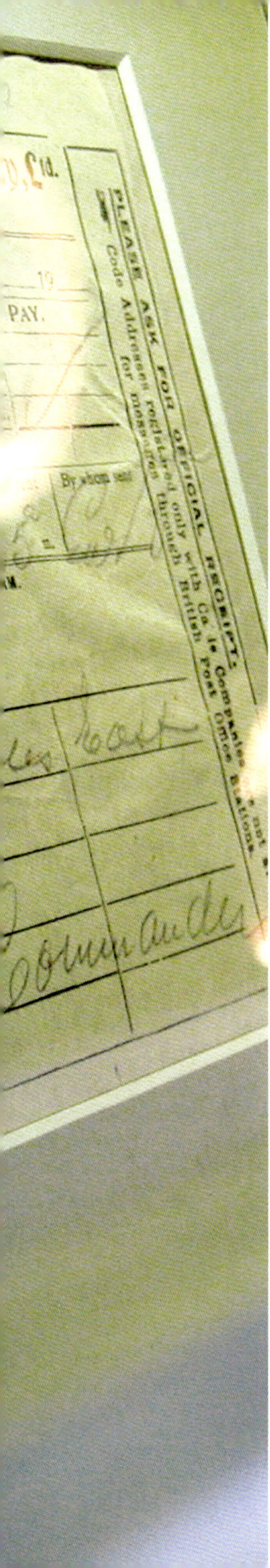

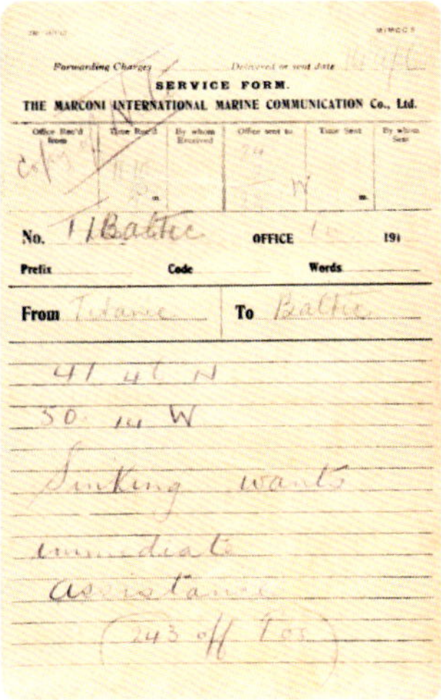
Forwarding Charges
SERVICE FORM.
THE MARCONI INTERNATIONAL MARINE COMMUNICATION Co., Ltd.
No. 1 Baltic OFFICE 191
Prefix Code Words
From Titanic To Baltic
41 46 N
50 14 W
Sinking wants
immediate
assistance
(243 off Tor)

Protokoll eines Originalfunkspruchs von der „Titanic", der die dramatischen Ereignisse um den Untergang des Luxusdampfers eindrucksvoll dokumentiert.
Protocol of one of the "Titanic's" original radio messages documenting the dramatic events during the sinking of the luxury liner.

The Titanic Telegrams

On her maiden voyage in the night from 14th to the 15th April 1912 the luxury liner "Titanic" collided with an iceberg, which ripped the ship over a length of almost 90 metres. 703 survivors in lifeboats were witnesses of the ship's sinking but 1 503 passengers and crewmembers could not be saved. "Sinking, wants immediate assistance!" was the both short and dramatic radio message from the "Titanic". This is recorded in due order on the forms of the Marconi International Marine Communication.

The media radio played in many ways a decisive role during the catastrophe on the high seas. Because the radio set had been switched off in the evening the alarm signals from nearby passing ships – no less than five ice warnings were ignored – didn't even get through to the "Titanic". In the same year the international radio conference took the necessary consequences. They standardised the shipping radio communication regulations and made compulsory an uninterrupted watch.

Optische Telegrafie

Im Frankreich des ausgehenden 18. Jahrhunderts entwickelte Claude Chappe ein optisches Signalsystem, das die Übermittlung von rund 250 Zeichen und Begriffen erlaubte. Damit konnten erstmals Nachrichten komplexen Inhalts mit Hilfe der auf Sichtweite hintereinander installierten Zwischenstationen über größere Entfernungen rasch und fehlerfrei übertragen werden.

Nach dem Vorbild Frankreichs wurden optische Telegrafen in vielen Ländern gebaut, auch in Deutschland. Preußen entschied sich nach anfänglichem Zögern in den 1830er Jahren zum Bau einer optischen Telegrafenverbindung mit den Rheinstaaten, die insgesamt 62 Stationen umfasste. Von der Sternwarte Berlin führte sie über die Dahlemer Dorfkirche zum Telegrafenberg bei Potsdam, weiter über Magdeburg, Halberstadt, Höxter nach Köln und von dort weiter nach Koblenz.

Der Telegraf bestand aus einem etwa 6,30 Meter langen Mast, an dessen oberem Ende sechs Flügel montiert waren, die sich über Rollen und Schnüre verstellen ließen. Insgesamt 4096 Stellungen – und damit entsprechend viele Zeichen – waren möglich.

Elektrische Telegrafie

Die Telegrafie veränderte das Nachrichtenwesen im frühen 19. Jahrhundert grundlegend. Gemeinsam mit der Erfindung der Eisenbahn setzte sie Raum und Zeit in ein völlig neues Verhältnis. Die Bahn vervielfachte die Geschwindigkeit des Reisens, durch die Telegrafie, insbesondere die elektrische, waren jetzt Nachrichten simultan und zu jeder Zeit übertragbar. Weit entfernte Ereignisse waren plötzlich ganz nah.

Voneinander unabhängig entwickelten der russische Baron Schilling von Canstatt sowie die Göttinger Professoren Gauß und Weber erste funktionstüchtige Nadeltelegrafen. Die Geräte

Visual Signalling

At the end of the 18th century Claude Chappe developed a visual signalling system enabling transmission of around 250 signs and definitions. For the first time complex messages could be transmitted over larger distances quickly and correctly with the help of relay stations which had been installed in series, within sight of each other.

Following France's example, visual signalling stations were set up in many other countries including Germany. After initial wavering Prussia in the 1830s decided to build a visual signalling connection to the Rhine States, which included 62 stations. From the observatory in Berlin it went over the village church in Dahlem to the Telegrafenberg near Potsdam, further over Magdeburg, Halberstadt, Höxter, to Cologne and from there to Koblenz.

The telegraph consisted of a 6.30 metre long mast which had six fixtures fitted at the top which could be adjusted by pulleys and strings. Altogether there were 4 096 positions, which made so many corresponding signs possible.

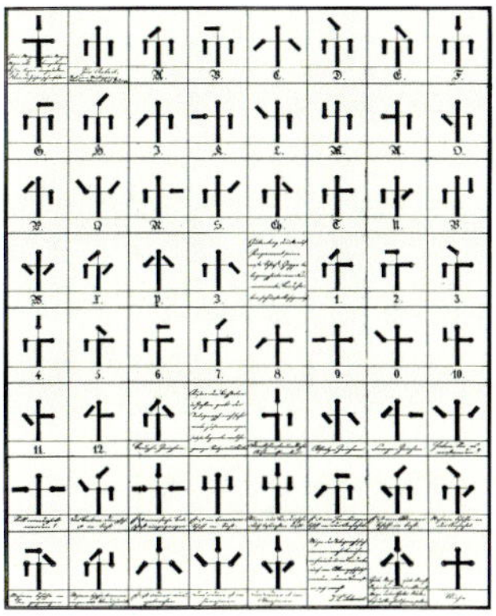

So weit das Auge reicht: Zeichensystem von 1848, mit dem Informationen mit Hilfe optischer Telegrafie weitergeleitet wurden.
As far as the eye can see: Signalling system from 1848, which enabled the transmission of information via visual signalling.

Electrical Telegraphy

Telegraphy absolutely changed the communication activities in the early 19th century. Together with the invention of the railway it brought space and time into a totally new relationship. Railways multiplied the speed at which you could travel. Through telegraphy, especially electrical, messages were now simultaneously and at any time transmittable. Suddenly events taking place at long distances were now very close by.

Independent of each other the Russian Baron Schilling von Canstatt as well as the Göttinger professors Gauß and Weber developed the first functional needle telegraph. The devices worked on the principle of electromagnetics whereby a magnetic needle is deflected under the influence of electric current. The number and direction of the deflections formed the basis for a specific signal code.

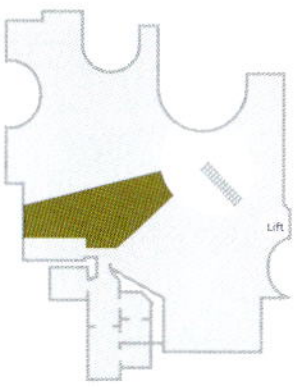

Zeigertelegraf mit Selbstunterbrechung von Siemens & Halske, 1846. Ein Gerät dieses Typs wurde während der Revolution von 1848/49 zur telegrafischen Übermittlung der Beschlüsse aus der Paulskirche zwischen Frankfurt und Berlin eingesetzt. Die Übermittlung dauerte eine Stunde – eine bis dahin unerreichte Geschwindigkeit.
Pointer telegraph by Siemens & Halske, 1846. This apparatus was in service during the 1848/49 revolution and was used for the transmission of the Paulskirche resolutions between Frankfurt and Berlin. Transmission took one hour – a hitherto unsurpassed speed.

beruhten auf dem elektromagnetischen Prinzip, wonach eine Magnetnadel unter Stromeinfluss abgelenkt wird. Anzahl und Richtung der Ablenkungen bildeten die Grundlage für einen bestimmten Zeichencode.

In Deutschland ist die Einführung der elektrischen Telegrafie untrennbar mit dem Namen Werner Siemens verbunden. Zusammen mit dem Mechaniker Johann Georg Halske konstruierte Siemens in den 1840er Jahren einen Zeigertelegrafen mit elektromagnetischer Selbstunterbrechung, mit dem sich Sende- und Empfangsapparat präzise synchron schalten ließen. 1848 baute Siemens in preußischem Auftrag seine erste Telegrafenlinie zwischen Berlin und Frankfurt am Main.

Einen radikal vereinfachten Zeichencode erfand Samuel Morse. Sein 1845 patentierter Empfangsapparat registrierte nur noch die tatsächlich eintreffenden Stromimpulse. Ein senkrecht zum Papierstreifen angebrachter Stift druckte sie – je nach Dauer des Stromflusses – als Punkte oder Striche, die jeweils für eine Zahl oder

The introduction of the electrical telegraphy is synonymous in Germany with the name Werner Siemens. In the 1840s together with the mechanic Johann Georg Halske he constructed a pointer telegraph with electromagnetic automatic interruption with which precise, synchronous operation of the transmitting and receiving appliance was possible. Under contract from Prussia Siemens built the first telegraph line between Berlin and Frankfurt am Main in 1848.

Samuel Morse invented a radically simplified signal code. His receiving appliance patented in 1845 only registered the actual incoming current impulses. A pin arranged vertically to the strip of paper printed them – according to the duration of the flow of current – as dots or dashes, which in each case stood for a number or a letter. A simple spring loaded key was all that was required, the famous "Morse Key". It was tapped either short or long.

David Edward Hughes achieved a further fundamental improvement of the pointer telegraph. His type printing telegraph is patented 1855 produced the transmitted text in clear; it was readable for everyone even without knowledge of the Morse code. The Hughes telegraph worked on a complicated mechanical device, which caused the corresponding letter on the synchronous rotating type wheels to be printed on a paper strip. The message was reproduced on this. As a check the transmitter also printed the text in the same way. An experienced telegraph clerk was able to send up to 40 words per minute on the type printing telegraph.

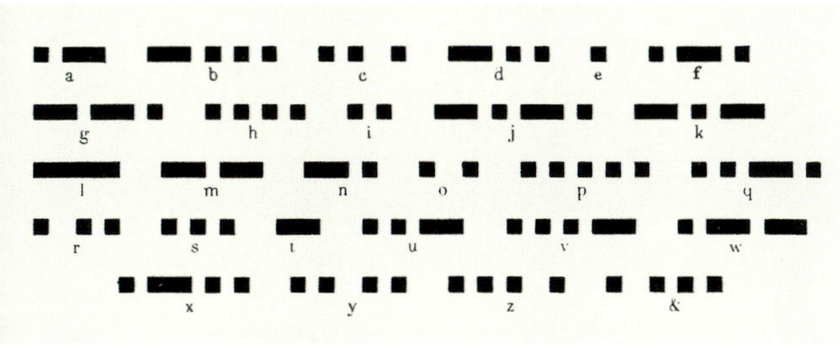

Punkt-Strich-Code von Morse in der amerikanischen Anordnung von 1840.
Dot and dash code by Morse in the American order of 1840.

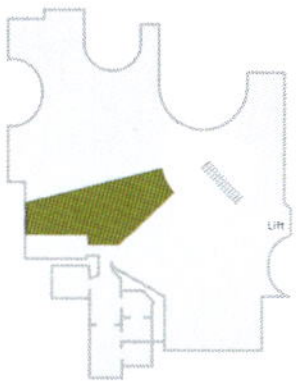

Abbildung eines Siemens Ferndruckers.
Depiction of a Siemens long-distance printer.

einen Buchstaben standen. Als Sender genügte eine einfache Taste mit Federwiderstand, die berühmte „Morsetaste". Sie wurde entweder kurz oder lang angetippt.

David Edward Hughes erzielte eine weitere grundlegende Verbesserung der Zeigertelegrafie. Sein 1855 patentierter Typendrucktelegraf brachte den übermittelten Text in Klarschrift hervor, er war auch ohne Kenntnis des Morsecodes für jedermann lesbar. Der Hughes-Telegraf gehorchte einer komplizierten mechanischen Vorrichtung, die bewirkte, dass der betreffende Buchstabe der synchron rotierenden Typenräder auf einen Papierstreifen gedruckt wurde. Auf ihm wurde die Nachricht so wiedergegeben. In gleicher Weise druckte auch der Sender den Text – zur Kontrolle – aus. Ein geschulter Telegrafist vermochte mit dem Typendrucktelegrafen bis zu 40 Wörter pro Minute zu senden.

Vom Handel mit Nachrichten

Die öffentliche Nutzung der Telegrafie führte Mitte des 19. Jahrhunderts rasch zur Gründung verschiedener Nachrichtenbüros. 1849 richtete Bernhard Wolff in Berlin die erste deutsche Nachrichtenagentur ein. Die Berliner „National-Zeitung", für die Wolff tätig war, startete jetzt mit einem regelmäßigen Nachrichtendienst unter Verwendung von Telegrammen. Anfangs übermittelte „Wolffs Telegraphisches Bureau" (WTB) hauptsächlich Börsennachrichten. Nicht zufällig siedelte Paul Julius Reuter, mit Wolff einer der Gründerväter der modernen Presseagenturen, sein 1851 in London eröffnetes Büro in unmittelbarer Nähe der dortigen Börse an. Allerdings blieb der Nachrichtenhandel lange Zeit die Sache Weniger. Mit Wolff, Reuter und der französischen Agence Havas teilten lediglich drei Agenturen den internationalen Nachrichtenmarkt per Kartellvertrag von 1870 unter sich auf.

Apparatesaal im Haupttelegrafenamt Berlin: Der Hughes-Telegraf, der 1855 patentiert wurde, eröffnete plötzlich völlig neue Möglichkeiten der Nachrichtenübermittlung: Bedient wurde er anhand einer aus 14 schwarzen und 14 weißen Tasten bestehenden Klaviatur. Ein geschulter Telegrafist vermochte damit bis zu vierzig Wörter pro Minute zu senden.

Apparatus Hall in the Berlin Main Telegraph Office: Patented in 1855, the Hughes Telegraph opened up brand new possibilities of message transfer. Messages were typed on a keyboard consisting of 14 black and 14 white keys. A trained telegraph clerk was able to send up to 40 words per minute.

Trading with Communication

In the 19th century public use of the telegraphy quickly led to the establishment of various telegraph offices. In 1849 Bernhard Wolff established the first German news agency in Berlin. Wolff worked for the Berlin "National-Zeitung" which then began a regular news service with the use of telegrams. At the beginning "Wolffs Telegraphisches Bureau" (WTB) mainly transmitted stock exchange news. It was no coincidence that Paul Julius Reuter, who together with Wolff was one of the founding fathers of the modern press agency, located his office, which was opened in 1851 in close proximity to the stock exchange in London. Over a long time, however, trading with the news remained a matter for only few. With Wolff, Reuter and the French Agence Havas just three agencies shared the international news market per cartel contract of 1870.

Worldwide Telegraph Network

A precondition for the international telegraphy was the discovery of Guttapercha (a tropical resin) that was used for insulating the extremely strained cables. Starting from London, Siemens built the transcontinental Indo-European telegraph line to Calcutta between 1868 and 1870, which was altogether 4600 km long. Connections to China, South America, Japan and Africa followed in the 1870s. The first German submarine cable was laid in 1896 from Emden to Vigo in Spain,

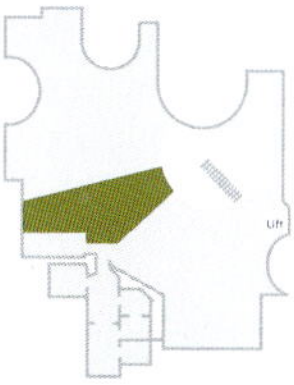

Weltweites Telegrafennetz

Voraussetzung für die internationale Telegrafie bildete die Entdeckung der Guttapercha (einem tropischen Baumharz) als Isolierstoff der extrem belasteten Kabelstränge. Von London aus errichtete Siemens zwischen 1868 und 1870 die transkontinentale, insgesamt 4600 km lange Indo-Europäische Telegrafenlinie bis nach Kalkutta. In den 1870er Jahren folgten Verbindungen nach China, Südamerika, Japan und Afrika. Das erste deutsche Seekabel wurde 1896 von Emden nach Vigo in Spanien verlegt, wo es an eine transatlantische Kabelverbindung nach Amerika anschloss. Vor Ausbruch des Ersten Weltkrieges bestanden insgesamt 17 Kabellinien zwischen Europa und Nordamerika.

Für Börsen, Banken und Zeitungen wurde die moderne Telegrafie bald unverzichtbar, doch war sie noch Jahrzehnte nach ihrer Einführung für Privatleute kaum erschwinglich. Erst an der Wende zum 20. Jahrhundert gaben die Preise spürbar nach. Die Zahl der Telegramme stieg im Deutschen Reich von jährlich rund 15 Millionen in den 1880er Jahren auf 65 Millionen vor dem Ersten Weltkrieg.

Funken-Sprünge

In den 1880er Jahren wies der Karlsruher Physiker Heinrich Hertz nach, dass elektromagnetische Wellen sich auf die gleiche Art und mit der gleichen Geschwindigkeit ausbreiten wie Lichtwellen. Damit schuf er die Grundlage für die drahtlose Telegrafie und für das Radio: In kaum mehr als einem Jahrzehnt erwuchs aus den Hertz'schen Laborversuchen eine kommerzielle Funktechnik mit Weltgeltung, mit der vor allem die Namen des Italieners Guglielmo Marconi sowie der Deutschen Adolf Slaby und Karl Ferdinand Braun verbunden sind. Bereits 1897 gründete Marconi die „Wireless Telegraph and

where it was linked to the transatlantic cable connection to America. Before the outbreak of the First World War a total of 17 cable links existed between Europe and North America.

The modern Telegraphy soon became indispensable for stock exchange, banks and newspapers but was still for decades after its introduction unaffordable for private users. Only after the turn of the 20th century the cost decreased considerably. The number of telegrams went up from around 15 million in the 1880s to 65 million before the First World War.

Radio Development

In the 1880s the Karlsruhe physicist Heinrich Hertz proved that electromagnetic waves propagate in the same way and at the same speed as light waves. Hertz thereby created the basis for the invention of wireless telegraphy and radio. In less than a decade Hertz' laboratory experiments developed into an internationally acclaimed wireless technological enterprise connected closely to the names of the Italian Guglielmo Marconi and the Germans Adolf Slaby and Karl Ferdinand Braun. Already in 1897 Marconi had founded the "Wireless Telegraph and Signal Company Ltd." which quickly attained an international standing. In Germany Slaby was financially sponsored by AEG and Braun came into business with Siemens & Halske. In view of the international competition the two German companies decided to establish the "Gesellschaft für drahtlose Telegraphie", better known as "Telefunken".

Geheime Botschaften sind gerade für das Militär von entscheidender Bedeutung. Deshalb galt die elektromechanisch betriebene Schlüsselmaschine „Enigma", die Anfang der zwanziger Jahre entwickelt und vor allem im Zweiten Weltkrieg eingesetzt wurde, auf Anhieb als Sensation. Soldaten konnten sich mühelos verschlüsselte Nachrichten hin- und herschicken. Und dabei war die „Enigma" so leicht zu bedienen wie eine Schreibmaschine, der sie auch rein äußerlich glich. Bis 1945 hatte die Deutsche Wehrmacht etwa 200 000 Geräte dieses Typs in Auftrag gegeben. Erst in jüngerer Zeit wurde bekannt, dass die Alliierten gegen Kriegsende in den verschlüsselten Funkverkehr der Deutschen einzubrechen vermochten.

Secret messages are of decisive importance to the military. For this reason the electromagnetically operated cipher machine "Enigma" was developed in the early 1920s. It was an immediate success and mainly saw service during the Second World War. Soldiers were able to send and receive encoded messages without difficulty. In its appearance "Enigma" resembled a typewriter and was just as easy to operate. By 1945 the German Army had ordered up to 200 000 "Enigmas". Nevertheless, by the end of the war the Allies had learnt to decipher the German code.

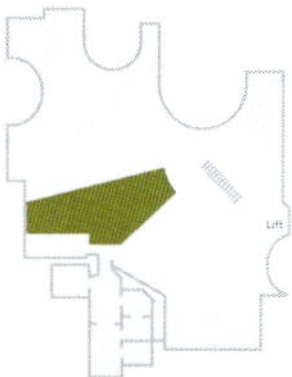

Signal Company Ltd.", die rasch Weltgeltung erlangte. In Deutschland wurde Slaby durch die AEG finanziell unterstützt, Braun kam mit Siemens & Halske ins Geschäft. Unter dem Eindruck der internationalen Konkurrenz gründeten die beiden deutschen Großfirmen die „Gesellschaft für drahtlose Telegraphie", besser bekannt als „Telefunken".

Telefax – Bildübertragung per Telefonleitung: Die Deutsche Bundespost führte als eine der ersten Fernmeldeverwaltungen der Welt bereits im Jahr 1979 einen Telefaxdienst ein.
Telefax – Image transmission via telephone lines: In 1979 the German Federal Post was one of the first telecommunication administrations to introduce a telefax service

Von der Bildtelegrafie zum Fax

Schon Ende des vorletzten Jahrhunderts entstand die Idee, auf telegrafischem Wege nicht nur Zeichen, sondern ganze Bilder zu versenden. Doch dafür bedurfte es eines eigenen Gerätes, das die Bildvorlage abtastete und in übertragbare Daten zerlegte und dabei eine nicht unerhebliche Datenmenge zu bewältigen hatte. Nach verschiedenen Vorarbeiten gab die Deutsche Reichspost in den 1920er Jahren den Startschuss für eine kommerziell genutzte Bildtelegrafie. Den passenden Fernkopierer brachte Siemens & Halske gemeinsam mit Telefunken sowie dem Technik-Pionier August Karolus 1926 auf den Markt. Vor allem die Presse profitierte von der neuen Technologie.

Anders als bei der traditionellen Bildtelegrafie erfolgte die Übertragung des späteren Telefax von Anfang an über das Fernsprechnetz. Das in den 1960er Jahren erprobte Telefaxgerät, an dessen Entwicklung die Deutsche Bundespost maßgeblich beteiligt war, zählt deshalb zu den Wegbereitern moderner Datenübertragung. Die Nutzung allseits verfügbarer Leitungen verhalf dem Fax auf dem modernen Kommunikationsmarkt zum Durchbruch. Die Grenzen zwischen Datentransfer und Nachrichtentechnik wurden fließend.

From Picture Telegraphy to Fax

By the outgoing 19th century the idea took hold that telegraphy should not only be employed for the transmission of symbols but also of pictures. However, this entailed the creation of a special machine, which could scan the image, break it down into transmittable data and also handle a substantial amount of data. After various tests the German "Reichspost" gave the green light for the introduction of a commercially utilised picture telegraphy in the 1920s. Together with Telefunken and the science pioneer August Karulus, Siemens & Halske provided the appropriate long distance copier in 1926. It was the press, which particularly profited from this new technology.

In contrast to traditional picture telegraphy, telefax could transmit via the public telephone network. The German Federal Post played a leading role in the development of the telefax apparatus. It underwent testing during the 1960s and paved the way for modern data transfer. The fax achieved its breakthrough on the modern communication market because it could be connected to existing telephone lines. The boundaries between data transfer and telecommunications became fluid.

Reklameplakat der „Gesellschaft für drahtlose Telegraphie", besser bekannt als Telefunken.
Advertisement for the "Gesellschaft für drahtlose Telegraphie", better known as Telefunken.

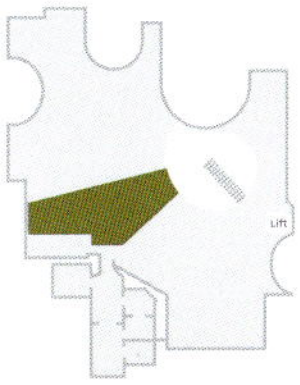

Telefon

Für das Video „Telephones" stöberte der Performance- und Klangkünstler Christian Marclay in den Archiven Hollywoods. Er verfremdete Filmausschnitte von Telefonszenen der fünfziger und sechziger Jahre, indem er ähnliche Aktionen wie das Wählen, das Abnehmen, Auflegen, Gruß und Abschied sequenziell zusammenfasste, ohne dass sich die Kontexte und Inhalte der Gespräche vermitteln. Sie sind aber durch emotionale Komponenten wie die Stimmfärbung, Lautstärke und die Art, in der sich die Personen dem Telefon nähern, zu erahnen. Dadurch entsteht eine narrative Struktur – gewissermaßen eine „Choreographie der Standardsituationen" –, die Witz und Wiedererkennungswert hat.

For the video "Telephones" the performance and sound artist Christian Marclay browsed through the archives of Hollywood. He defamiliarised film takes showing telephone scenes from the 1950s and 1960s. He combined similar actions such as dialling, picking-up, hanging-up, greeting and parting into sequences without revealing the context or the content of the conversation. Nevertheless, these can be imagined through emotional components such as timbre, volume and the way in which the actors approach the telephone. This creates a narrative structure – in a way a "choreography of standard situations" – which is both humorous and recognisable.

Telephone

Originaltelefon von Philipp Reis, 1863. Der Legende nach gehörten zu den Inhalten der ersten Telefongespräche Sätze ohne Sinn. Angeblich soll Reis einen Buchtext wiederholt haben, den sein Schwager am Telefon in Friedrichsdorf vorlas. Weil man dem Erfinder unterstellte, er kenne das Buch ohnehin auswendig, wechselte der Schwager das Thema und sprach einige Nonsens-Sätze wie „Die Sonne ist von Kupfer" oder „Das Pferd frisst keinen Gurkensalat", die Reis zum Teil richtig wiedergab.
Original telephone by Philipp Reis, 1863. Legend has it that the first telephone conversations included absurd sentences. Apparently Reis had repeated passages from a book, which his brother in law had read out to him on the phone in Friedrichsdorf. When the inventor was accused of knowing the texts by heart, his brother in law began to make up sentences like "The sun is made of copper" or "A horse doesn't eat cucumber salad". In part Reis was able to repeat these sentences correctly.

Die Erfindung des Telefons
Die Idee, mit Hilfe des elektrischen Stroms die menschliche Stimme in die Ferne zu übertragen, beschäftigte Mitte des 19. Jahrhunderts viele Forscher. Im hessischen Friedrichsdorf konstruierte der Physiklehrer Philipp Reis einen Apparat, der Töne elektrisch übertragen konnte. Im Jahr 1861 erläuterte er seine Erfindung vor dem Physikalischen Verein in Frankfurt. Bald darauf wurde eine kleine Serie seiner Apparate für den Verkauf produziert und an die interessierte Fachwelt verschickt. Der erhoffte Erfolg blieb jedoch aus.

Internationale Aufmerksamkeit fand dagegen das 1877 serienreife Telefon des Amerikaners Alexander Graham Bell. Im Oktober desselben Jahres gelangten die ersten Exemplare nach Deutschland zum Generalpostmeister Heinrich von Stephan. Die Sprechproben mit dem Bell-Telefon verliefen so erfolgreich, dass Stephan die Verbreitung aktiv förderte. Bereits 1877, noch vor Errichtung eines öffentlichen Netzes, fertigte die Firma Siemens & Halske täglich mehr als 200 Paar der so genannten „Telephone Bell'scher Construction". Auch andere Firmen, darunter die feinmechanischen Werkstätten von Gurlt und Naglo in Berlin, kopierten das in Deutschland nicht patentgeschützte Bell-Telefon.

Während in Amerika private Gesellschaften öffentliche Telefonnetze einrichteten, wurde der Betrieb des neuen Kommunikationsmediums in Deutschland staatlich gefördert und organisiert. Im Jahr 1881 wurde in Berlin das erste öffentliche Telefonnetz hierzulande eingerichtet. Wenig später folgten fünf weitere Städte, darunter auch Frankfurt am Main. Mit einer Vermittlungsstelle und 50 Teilnehmern startete das Frankfurter Stadtfernsprechnetz am 1. August 1881, Ende des Jahres waren bereits 179 Rufnummern vergeben.

The Invention of the Telephone

The idea of transmitting the human voice over long distances by the use of electric current occupied the minds of many scientists in the mid 19th century. The physics teacher Philipp Reis from Friedrichsdorf in Hesse designed an apparatus that could transmit sounds electrically. In 1861 he presented his invention to the Frankfurt "Physikalischer Verein". Two years later a small series of his apparatus was produced for sale and sent to interested experts. However, his hoped-for success did not materialise.

It was, however, the telephone of the American Alexander Graham Bell that won international acclaim in 1877. In October of the same year a first batch was delivered to the German Postmaster-General, Heinrich von Stephan. Successful voice trials convinced Stephan to take an active part in the promotion of the Bell Phone. By late 1877, even before a public telephone network had been installed, the Siemens & Halske Company was producing more than 200 Bell Phone sets a day. Other companies, such as the fine mechanical workshops of Gurlt and Naglo in Berlin, took advantage of the fact that Bell had not applied for the patent in Germany and so they simply copied it.

Whilst private companies set up telephone networks in the USA, in Germany the promotion and

Dieses Bell-Telefon aus dem Jahr 1877 ist Teil eines Paares, das Heinrich von Stephan von Henry Fisher, dem Leiter des Londoner Haupttelegrafenamtes, als Geschenk erhielt. Es waren die ersten Bell-Telefone, die nach Europa gelangten.

This Bell-Phone from 1877 is one of a pair presented to Heinrich von Stephan by Henry Fisher, head of the London Main Telegraph Exchange. It was one of the first Bell-Phones to reach Europe.

Telefonverbindungen blieben noch bis in die 1960er Jahre ein knappes Gut. Telefonieren war teuer und die Nachfrage lange größer als die zur Verfügung stehenden Ressourcen. Erst in den 1980er Jahren hieß es dann: „Ruf doch mal an!"

Up until the 1960s telephone lines were still in scarce supply. Making phone calls was expensive and for a long time the demand was greater than the resources available. This was to change in the 1980s.

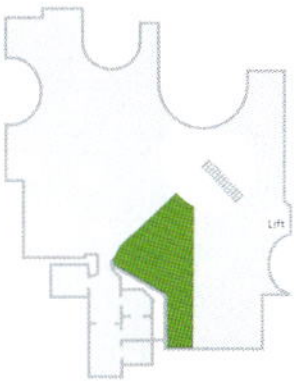

Der Telefonanschluss war ein teures Vergnügen und so bildeten die ersten Fernsprechteilnehmer einen exklusiven Zirkel, zu dem vor allem Banken und Handelshäuser zählten. Zunächst waren nur Ortsgespräche möglich, erst nach und nach wurden die einzelnen Stadtfernsprechnetze untereinander verbunden.

Die Vermittlung

Die Arbeit in den Vermittlungsämtern blieb anfangs vorwiegend Männern vorbehalten. Ab den 1890er Jahren wurden dann vor allem aus Kostengründen zunehmend Frauen als „Fernsprechgehilfinnen" eingesetzt, zu deren Aufgaben es auch gehörte, die genaue Uhrzeit anzusagen oder Telefonauskünfte zu erteilen. Das manuelle Verbinden der Teilnehmer am Klappenschrank erforderte Aufmerksamkeit und Genauigkeit bei hohem Arbeitstempo und langen Arbeitszeiten, aber auch Höflichkeit im Umgang mit der oft ungeduldigen Kundschaft.

Acht Bedienschritte waren notwendig, um zwei Teilnehmer zu verbinden bzw. die Leitung danach wieder freizugeben. Technische Neuerungen wie Glühlampen statt Klappen (ab 1899) erleichterten zwar das Herstellen der Gesprächsverbindungen, zugleich aber stieg die Zahl der Anschlüsse, die jede Telefonistin zu betreuen hatte. Die Handvermittlung war personalintensiv und fehleranfällig.

Ein klassischer Frauenberuf: Das „Fräulein vom Amt" musste die Teilnehmer am Klappenschrank manuell verbinden und gehörte jahrelang zum Telefonbetrieb.
A classic female profession: The "telephone girl" had to connect calls manually at the switchboard. For years she was an integral part of the telephone service.

Der Vermittlungsbetrieb ist mittlerweile voll automatisiert, die Ära der freundlichen Telefondamen längst beendet.
Today the telephone exchange is fully automated; the era of the friendly telephone receptionist is a thing of the past.

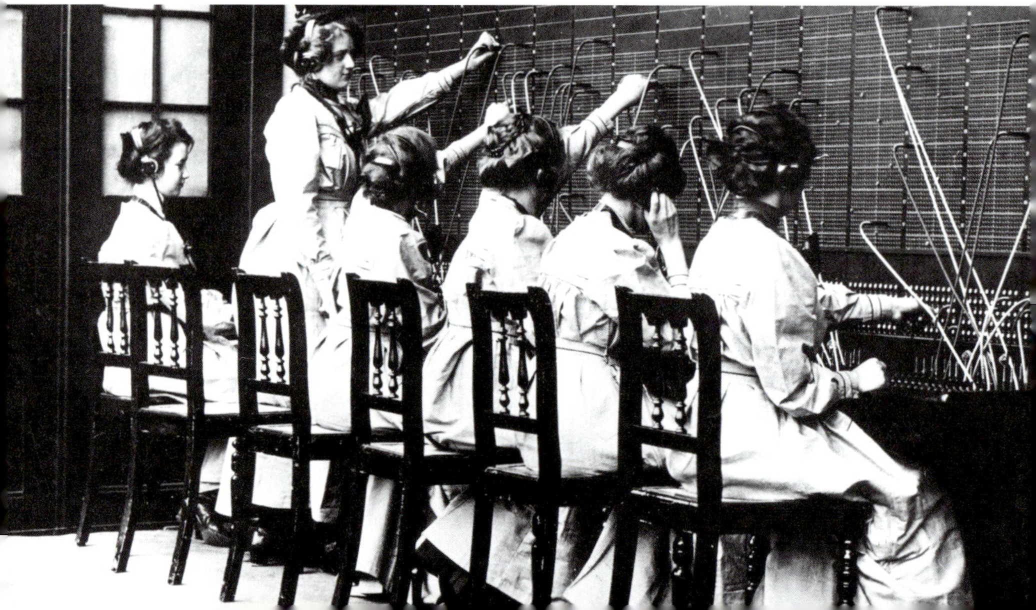

organisation of the new communication medium lay with the state. In 1881 Germany's first public telephone network was set up in Berlin. Five other cities were shortly to follow, Frankfurt opening its first local telephone network with one telephone exchange and 50 subscribers on August 1, 1881. By the end of the year the number of subscribers had risen to 179.

Having a telephone line installed was an expensive undertaking. The earliest subscribers formed an exclusive circle, mainly made up of banks and trading companies. In the beginning only local calls were possible. The individual municipal networks had to grow together step by step.

Fernsprech-Wandgehäuse OB „Hildesheim" mit Batterieruf, 1908: Der erste deutsche Wandapparat zum Selbst-wählen mit Bedienungs-anleitung auf der Wählscheibe.
Battery powered wall-mounted telephone "Hildesheim", 1908: The first German wall-mounted telephone for self-service with operating instructions on the dial.

The Telephone Exchange

Initially telephone exchanges were a male domain. From the 1890s however, women were increasingly employed as telephone operators, mainly because their labour was cheaper. Operators were expected to provide various pieces of information, including the exact time. Connecting telephone calls manually at the switchboard entailed long shifts at a high pace of concentrated and accurate work. Under theses circumstances operators were also expected to be polite at all times even when dealing with the often impatient subscribers.

It took eight steps to connect and disconnect a call. Although technical innovations such as the light bulb (1899) made putting calls through easier, the number

1889 gelang es dem amerikanischen Erfinder Almon B. Strowger, die Vermittlung durch einen so genannten Hebdrehwähler zu automatisieren. Die Telefone erhielten dazu eine Wählscheibe, die als Fernsteuerung diente: Der gewählten Ziffer entsprechende Stromimpulse bewirkten das Heben und Drehen von Kontakten, mit denen die Leitung zum gewünschten Gesprächspartner geschaltet wurde. 1908 wurde das Ortsnetz von Hildesheim als erstes in Europa auf „Selbstanschlussbetrieb" umgerüstet.

Die Automatisierung des Vermittlungsbetriebes beendete schrittweise die Ära des „Fräuleins vom Amt". 1966 wurde die letzte handbediente Ortsvermittlungsstelle aus dem Dienst genommen, im Auslandsverkehr gab es die Handvermittlung noch bis in die 80er Jahre. Etwa zur gleichen Zeit wurde die Vermittlungstechnik digitalisiert. Heute schaltet man keine Leitungen mehr. Die Sprache wird in Datenpakete zerlegt, die mit „Adressanhängern" durch ein Weitverkehrs-Netzwerk (WAN) reisen. Vor Ort werden die Datenpakete wieder zusammengesetzt.

Seit es Handys gibt, immer weniger gebraucht – öffentliche Fernsprechapparate. Doch über Jahrzehnte hinweg war Telefonieren unterwegs gleichbedeutend mit der Suche nach einem Telefonhäuschen und dem passenden Kleingeld.
Since the introduction of the mobile phone the public telephone has been in decline, effectively putting the decade-old tradition of searching for phone booths and small change to an end.

Anzeige von Telefunken für Anrufbeantworter aus dem Jahr 1963.
Advert for Telefunken answering machines, 1963.

of telephone connections the individual operator had to deal with was steadily increasing. As a result, manual switching was labour intensive and very susceptible to errors.

In 1889 the American inventor Almon B. Strowger automated the exchange system by devising an electric wiper. The telephone sets were provided with a dial which functioned as a remote control: The dialled numbers generated electrical impulses which lifted and turned contacts and thus connected the caller to any other subscriber. In 1908 Hildesheim's local telephone network was the first in Europe to be equipped with an automatic exchange.

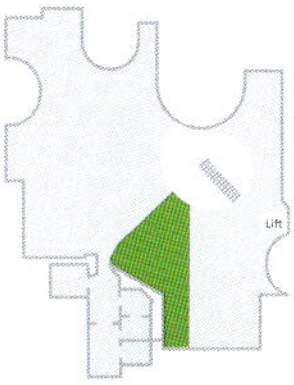

Die mobile Revolution

In den 1990er Jahren wurde das Handy innerhalb weniger Jahre zum massenhaft verbreiteten, alltäglich genutzten Kommunikationsmittel. Dabei reichen dessen Anfänge fast hundert Jahre zurück: Erste Versuche mit drahtloser Telefonie aus fahrenden Zügen fanden bereits 1918 und 1919 statt. Ab 1926 konnten die Reisenden im D-Zug zwischen Berlin und Hamburg aus einem „Telefonabteil" über Funk handvermittelte Gespräche ins Festnetz führen.

Zugtelefon der Deutschen Reichsbahn, 1930: Die Reisenden konnten aus einem „Telefonabteil" über Funk handvermittelte Gespräche ins Festnetz führen.
Train telephone of the German Reichsbahn, 1930: Passengers could be manually connected to subscribers of the fixed telephone network via radio transmission.

1958 wurden die bestehenden lokalen Funknetze zu einem öffentlichen Mobilfunknetz A zusammengefasst. Die mit Röhren bestückten Funktelefone wogen fast 16 kg, waren für den Einbau in Fahrzeuge konzipiert und fast ebenso teuer wie ein Auto. Auch im nachfolgenden B-Netz gab es nur Autotelefone; jetzt konnten die Teilnehmer ohne Vermittlung selbst wählen und direkt im Auto angerufen werden. Mobil telefonieren blieb im A- und im B-Netz das Privileg eines kleinen Teilnehmerkreises.

The automating of the telephone exchange marked the end of the era of the "telephone girl". In 1966 Germany's last manually operated local exchange was closed, although manual switchboards were still in use into the 1980s for international calls. Around the same time the telephone exchange system was digitised. Today there is no need to switch lines. Speech is broken down into data packets, given an address attachment and then sent on its way through the "Wide Area Network" (WAN). On arrival at their destination the data packets are reassembled.

Mobilfunk: Ende der 1950er Jahre füllte die voluminöse Sende- und Empfangstechnik den halben Kofferraum.
Cellular radio: By the end of the 1950s bulky transmission technology filled half of the car boot.

The Mobile Revolution

During the 1990s, within a very short time, the mobile phone established itself as a widespread everyday medium of mass communication. Its roots, however, reached back nearly a century. First experiments with cordless telephones in travelling trains had been made in 1918 and 1919. From 1926 onward, passengers travelling between Berlin and Hamburg could be put through to subscribers of the fixed telephone network.

In 1958 all existing local wireless networks were amalgamated into the public cellular network A. The first cellular telephones were equipped with valves.

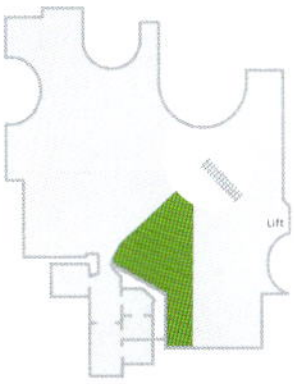

Erst mit dem C-Netz wurde der Mobilfunk populär. Technische Neuerungen wie die einheitliche Zugangsnummer und das automatische Wechseln der Funkzellen vereinfachten das Telefonieren. Doch die Geräte waren immer noch sehr teuer. Das erste Handtelefon 1989 kostete umgerechnet 4250 Euro. Das änderte sich in den 1990er Jahren gründlich; die Preise für Geräte fielen ebenso wie die Gebühren.

Mit dem Start der digitalen Netze D1 der Bundespost Telekom (heute Deutsche Telekom) und D2 von Mannesmann Mobilfunk (heute Vodafone) konnten Handybenutzer 1992 erstmals zwischen den Angeboten konkurrierender Netzbetreiber wählen. 1994 ging mit E-Plus das erste E-Netz in Betrieb, 1998 folgte VIAG Interkom (heute O2). Der Wettbewerb unter den Netzbetreibern und Service Providern führte zu immer neuen Angeboten bei rasch sinkenden Preisen.

Mobile Kommunikation bedeutet heute längst mehr als nur Telefonieren. Ältester und zugleich beliebtester Datendienst ist der Austausch von Kurznachrichten per SMS (Short Message Service). GPRS (General Packet Radio Service) ermöglicht die Übertragung umfangreicher Datenpakete, mit WAP (Wireless Application Protocol) können Internet-Inhalte vom Handy aus genutzt werden. Multimedia-Anwendungen lassen sich mit UMTS (Universal Mobile Telecommunications Systems) noch schneller nutzen.

Die Zukunft des Handys als mobiles, universelles Kommunikationsterminal zeichnet sich ab: Es ist zugleich Spielekonsole, TV und Audioplayer, Navigationsgerät, Digitalkamera und Infokiosk, bietet Information, Unterhaltung und Kommunikation. Telefonieren ist dabei nur noch eine Nutzung unter vielen, das Handy avanciert zum „Schweizer Messer" der modernen Industriegesellschaft.

Das Handy ist heute vielseitig einsetzbar und Telefonieren nur noch eine Funktion. Der T-Mobile MDA II zum Beispiel kann dazu Termine organisieren, fotografieren, SMS- und E-Mailnachrichten versenden und empfangen, im Internet surfen und anderes mehr.
The mobile phone of today fulfils a multi-purpose role, encompassing more than mere telephony. The T-Mobile MDA II features an organizer, camera, email and messaging service, Internet access and much more.

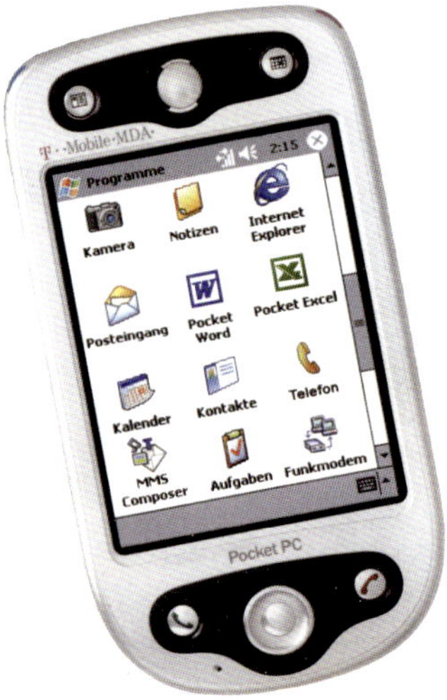

Weighing in at around 16 kg they were intended for use in vehicles and were almost as expensive as a car. Although the subsequent B-Net still only served car phones it included novelties like direct dialling and being able to receive calls. Nevertheless, mobile telephony in the A- and B-Net remained a privilege to an illustrious few.

It was only with the introduction of the C-Net that mobile telephony became popular in Germany. Technical innovations such as standardised access numbers and automatic cell change simplified the use of mobile phones. However, mobile phones were still very expensive. In 1989 the first generation of handheld cell phones cost as much as 4250 Euros. This changed in the 1990s, when the price of cell phones and charges dropped dramatically.

The launch of the digital network D1 by the Bundespost Telekom (today Deutsche Telekom) and the D2 network by Mannesmann Mobilfunk (today Vodafone) in 1992 gave subscribers the option of choosing between different network operators. 1994 saw the start of the E-Net by E-Plus, followed in 1998 by VIAG Interkom (today O2). Rising competition among network operators and service providers led to frequently changing offers and rapidly sinking prices.

Today mobile communication encompasses more than mere telephony. The oldest and at the same time most popular data service is the exchange of text messages via SMS (Short Message Service). GPRS (General Packet Radio Service) enables the transmission of extensive data packets; WAP (Wireless Application Protocol) allows the browsing of Internet content on the mobile phone. Multimedia applications can be accessed even faster through UMTS (Universal Mobile Telecommunications Systems).

The future of the cellular phone as a mobile and universal communication platform is multi-facetted: It doubles up as games console, TV, audio player, navigation system, digital camera, offers information, entertainment and communication. Making a telephone call is only one function among many, the mobile phone having developed into modern society's "Swiss Army Knife".

Das „Porty", ab 1991: Mit einer Antennenhöhe von 37 cm konnte es sowohl als tragbares Mobil- als auch als Autotelefon benutzt werden. Als Besonderheit enthielt es einen digitalen Anrufbeantworter mit feststehender Textansage.

The "Porty", 1991: With an aerial height of 37 cm the Porty could be used as a mobile and a car phone. Special features included a digital answer phone.

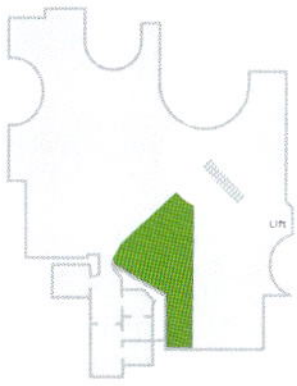

Radio

Radio

Invasion vom Mars

Wie kein anderer Rundfunkbeitrag verdeutlicht Orson Welles' berühmte Hörspielfassung des Science-Fiction-Klassikers „Krieg der Welten" den Einfluss des Massenmediums Radio während der ersten Hälfte des 20. Jahrhunderts: Am 30. Oktober 1938 wurde die Live-Übertragung des beliebten Orchesters Roman Raquello wegen einer wichtigen Durchsage unterbrochen. Astronomen, hieß es, hätten vor wenigen Minuten einen Meteoriten entdeckt, der sich mit großer Geschwindigkeit der Erde nähere.

Es folgten weitere dramatische Sondermeldungen. Mit wachsendem Schrecken lauschte die CBS-Hörerschaft den Live-Schaltungen von der Meteoriteneinschlagstelle bei Grovers Mill, New Jersey. Die Situation spitzte sich zu, als der vermeintliche Meteorit sich als marsianisches Kampfschiff entpuppte. Ein aufgeregter Reporter berichtete, wie die Angreifer vom Mars neugierige Zuschauer mit Giftgas und Hitzewellen liquidierten. Von New Jersey bis New York löste die Radiosendung, die wie eine aktuelle Reportage inszeniert worden war, eine Welle der Panik aus – und machte den jungen Regisseur und Schauspieler Orson Welles weltberühmt.

Invasion from Mars

Like no other radio broadcast, Orson Welles' famous adaptation of the science fiction classic "War of the Worlds" exemplifies radio's influence as a mass medium. On October 30, 1938 the live transmission of the popular Roma Raquello Orchestra was interrupted by an important announcement: A few minutes previously astronomers had apparently discovered a meteorite heading, at great speed, towards the Earth.

More dramatic announcements were to follow. With growing fear the CBS listeners heard live reports from the meteorite's impact site at Grover's Mill, New Jersey. The situation came to a head as the alleged meteorite turned out to be a Martian space ship. A journalist reported in terror how the Martian invaders liquidated curious onlookers with poison gas and heat rays. Hundreds of listeners took the broadcast to be authentic, sweeping New Jersey and New York with a wave of panic – and thereby helping the young director and actor Orson Welles to international fame.

Rundfunkempfänger Loewe OE 333, 1926: Als günstiges Radio für jedermann von Sigmund Loewe unter Mitwirkung Manfred von Ardennes entwickelt, mit der Loewe Dreifachröhre 3 NF.
Loewe short-range receiver OE 333, 1926: Developed as an inexpensive compact receiver by Sigmund Loewe and Manfred von Ardenne, it features the Loewe replacement tube 3 NF.

Die Anfänge des Radios

Seine steile Karriere begann das Radio nach dem Ende des Ersten Weltkrieges als Hinterlassenschaft moderner militärischer Fernmeldetechnik. Der Ausbau des Feldfunks zum zivilen Unterhaltungs-Hörfunk erfolgte auf Initiative des späteren Reichs-Rundfunkkommissars Hans von Bredow. Mit dem posteigenen Langwellensender Königs Wusterhausen wurden ab 1920 versuchsweise Konzerte und Schallplattenaufnahmen ausgestrahlt.

Am 29. Oktober 1923 nahm die „Radio Stunde AG" aus den provisorischen Studioräumen des Berliner Vox-Hauses den ersten regelmäßigen Hörfunkprogrammdienst Deutschlands auf. Obwohl die Länge der frühen Sendungen nur maximal ein bis zwei Stunden betrug und die Programme improvisiert waren, stieß das neue Medium sofort auf ein begeistertes Publikum. Danach kam es zu einem Gründungsboom von Sendeanstalten in Deutschland: In Frankfurt, Leipzig und München begann man im März 1924 mit der Ausstrahlung eigener Programme, im Juni 1924 kam Königsberg dazu und im Oktober des gleichen Jahres Münster bei Köln. Neben populärer Musik und Nachrichtensendungen entwickelten sich Hörspiele und Sportreportagen zu Publikumsmagneten.

Aufgrund eines Mangels an industriell vorproduzierten Rundfunkempfängern sowie aus Kostengründen bauten viele Hörer in der Anfangszeit des Radios ihre Geräte selbst. Es handelte sich dabei um preisgünstige Detektoren, einfache Empfangsgeräte ohne Lautsprecher, die nur mit Kopfhörern zu benutzen waren. In ganz Deutschland entstanden Radio-Bastler-Vereine. Bedienungsfreundlichere Röhrenradios ersetzten später die Detektoren. Die Selbstbausätze wurden schließlich vom stetig wachsenden Angebot an seriell produzierten Rundfunkempfängern vom Markt verdrängt.

Radio´s First Steps

Radio began its stellar career after the end of the First World War as a remnant of high-tech military telecommunication. The transformation of wireless field communications into civilian entertainment radio was mainly the achievement of Hans von Bredow, Germany's first radio superintendent. In 1920 concerts and gramophone records were experimentally broadcast from the Post operated long wave radio transmitter at Königs Wusterhausen.

On October 29, 1923, from its makeshift studios at the Vox House in Berlin, the "Radio Stunde AG" ("Radio Hour Co.") went on the air with Germany's first regular radio service. Even though early broadcasts were improvised and only one to two hours in length, radio became quickly embraced by an enthusiastic audience. This resulted in a founding boom of broadcasting companies all over Germany:

In March 1924 radio stations went on the air in Frankfurt, Leipzig and Munich. Königsberg followed in June of the same year and Münster in October. In addition to popular music and the news, radio plays and sport programmes became crowd pullers.

Due to the shortage of industrially prefabricated radio sets as well as their high price, many radio enthusiasts built their own receivers. These were inexpensive detector sets without a loudspeaker, which could only be used with headphones. Radio clubs were founded throughout Germany. Eventually user-friendly vacuum valves replaced the detector and inexpensive serially produced radio sets pushed the do-it-yourself construction kits from the market.

By late 1925 the number of German radio subscribers had passed the one million mark. On average, broadcasting companies transmitted between six to nine hours of regular radio programmes daily. Radio was no longer viewed as a medium which merely conveyed culture and leisure: It was seen as "a gate to the world", a medium which altered perceptions and society.

Der erste Stuttgarter Rundfunksender, in Betrieb seit Mai 1924.
Stuttgart's first radio transmitter, in operation since May 1924.

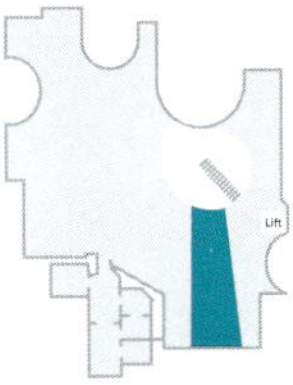

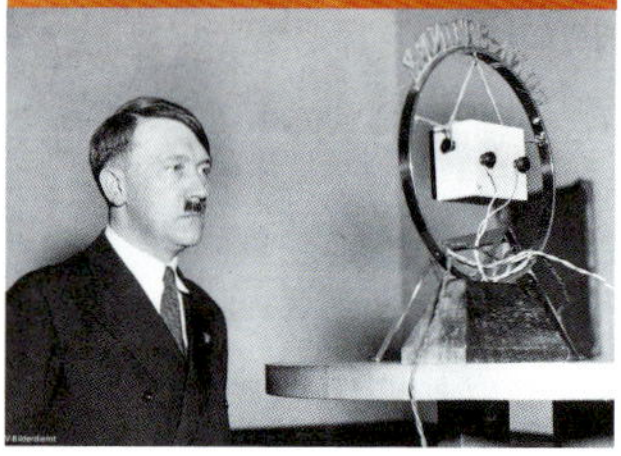

Die Nationalsozialisten entdeckten schnell den (politischen) Wert des Radios und setzten vor allem auf Unterhaltung. Der Anteil der Wortsendungen sank zwischen 1933 und 1938 von rund 18 auf 7 % trotz der vielen Reden des „Führers".
The National Socialists soon discovered how (politically) valuable the radio was and above all concentrated on entertainment. In spite of many speeches made by the "Führer" the participating share of spoken programmes was reduced between 1933 to 1938 from around 18 to 7 %.

Adolf Hitler am 1. Februar 1933 bei seiner ersten Rundfunkansprache als Reichskanzler.
Adolf Hitler on 1 February 1933 during his first radio address as Reichskanzler.

Schon Ende 1925 hatte die Zahl der angemeldeten Hörer die Millionen-Schwelle überschritten, das regelmäßige Programmangebot erreichte einen täglichen Umfang von rund sechs bis neun Stunden. Man verstand den Rundfunk nicht nur als neues Kultur- und Freizeitmedium, sondern auch als „Tor zur Welt". Das Radio veränderte und beeinflusste Wahrnehmung und Gesellschaft.

Der „Führer" spricht

Schnell erkannten deshalb auch die Nationalsozialisten die Tragweite des neuen Mediums. Sie wechselten Personal in Schlüsselpositionen aus; jüdische, sozialdemokratische und kommunistische Rundfunkredakteure wurden entlassen und nicht selten in Konzentrationslager eingewiesen. Denn Hitlers „Minister für Volksaufklärung und Propaganda", Joseph Goebbels, erachtete den Rundfunk als „das allermodernste und allerwichtigste Massenbeeinflussungsinstrument, das es überhaupt gibt". Fortan galt der Rundfunk als das Verkündungsinstrument der nationalsozialistischen Ideologie schlechthin. Die Einführung des preiswerten „Volksempfängers" und weiterer erschwinglicher Rundfunkgeräte verbreitete und förderte Radiobesitz und Hörfunkkonsum während der Nazi-Diktatur. Neben öffentlicher Rundfunktage und Funkausstellungen, die das Radiohören popularisierten, trat der verordnete Gemeinschaftsempfang in Schulen, Behörden und selbst in Gaststätten und Betrieben.

Neubeginn des Rundfunks nach 1945

Die Niederlage Deutschlands 1945 bedeutete das vorläufige Aus für den hiesigen Rundfunk. Viele Apparate und Gerätefabriken waren dem Krieg zum Opfer gefallen, die meisten Sendeanstalten zerstört. Die beschlagnahmten Sender wurden nach den jeweiligen Vorstellungen der Alliierten

The "Führer" speaks

Already, at an early stage, the Nazis recognised the importance of the radio. Key positions were reassigned, Jewish, Social Democratic and Communist radio journalists were sacked and often sent to concentration camps. Hitler's propaganda minister Joseph Goebbels considered the radio to be "the most modern and most important instrument in existence for influencing the masses". Henceforth radio was accepted as the primary means of spreading the National Socialist ideology. The launching of the low-priced "Peoples' Receiver" ("Volksempfänger") and other affordable radio sets promoted and increased radio ownership and consumption during the Nazi dictatorship. In addition to holding public radio days and fairs which popularised the medium, the German state also decreed that compulsory communal radio listening had to take place in schools, at the workplace and even in pubs and restaurants.

Goebbels Maxime „Rundfunk in jedes Haus" wurde durch die massenhafte Herstellung billiger Kleinradios forciert. Insgesamt waren 28 Firmen am Bau dieser „politischen Geräte", wie es offiziell hieß, beteiligt.
The mass production of cheap small radio sets was pushed forward by Goebbel's maxime "A radio in every home". In total 28 firms were involved in manufacturing these "political appliances", the official term given.

A New Beginning after 1945

Germany's defeat in 1945 spelt out a temporary end to German radio. Many radio sets and production sites had fallen victim to the war and most broadcasting stations had been destroyed. Broadcasting companies were confiscated by the Allies and reorganised in accordance to their principles. The regulations introduced by the American, British and French military governments as well as the laws established in the newly founded states accelerated the setting up of public broadcasting companies. From 1948 the responsibility was gradually transferred back into German hands.

The "Economic Miracle" of the 1950s had a decisive influence on the development of radio in post-war Germany, radio being one of the boom's main beneficiaries: In combination with the German UKW-system, radio sets from SABA, Grundig, Telefunken and Braun became bestsellers worldwide. It was also the Germans themselves who were quick

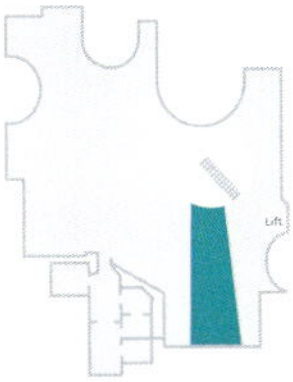

Ein gefragter Design-Klassiker vereinigt Radio und Plattenspieler: Aufgrund seiner Blässe und Größe „Schneewittchensarg" genannt, von Braun aus den 1950er Jahren.
Made by Braun in 50s, a popular design classic, that combined radio with record player, which because of its paleness and size was known as "Snow-White's coffin".

betrieben, organisiert und staatlicher Kontrolle weitgehend entzogen. Die Verordnungen der amerikanischen, britischen und französischen Militärregierungen und die Gesetze der in ihren Besatzungszonen neu gegründeten deutschen Länder beschleunigten die Bildung von öffentlich-rechtlichen Rundfunkanstalten, die ab 1948 in deutsche Verantwortung übergingen.

Entscheidenden Einfluss auf die weitere Entwicklung des Rundfunksektors entfaltete das Wirtschaftswunder der 1950er Jahre, weil das Medium in besonderem Maße vom Aufschwung profitierte: Zusammen mit dem in Deutschland entwickelten UKW-System wurden die Apparate von SABA, Grundig, Telefunken und Braun weltweite Exportschlager. Auch die Deutschen selbst legten sich so schnell wie möglich neue Rundfunkgeräte zu. Bereits 1953 besaßen 83 % der bundesdeutschen Haushalte wieder ein Radio. Mit Wohlstand und Konsum wuchs die Nachfrage nach Unterhaltung, die „leicht" und „unverfänglich" sein sollte – schließlich galt es, die Entbehrungen des verlorenen Krieges möglichst rasch zu vergessen. Die damaligen Hörfunksendungen bildeten die Vorläufer zu späteren Fernsehformaten.

Radio in Zeiten des Fernsehens

Das Fernsehen nahm am 25. Dezember 1952 seinen Betrieb auf. Nach nur fünf Jahren wurden eine Million Teilnehmer registriert. Somit erwuchs dem Unterhaltungsmedium Hörfunk ein ernsthafter Konkurrent. Mit der Erweiterung des TV-Programmangebots begann das Fernsehen den Hörfunk als Feierabendbeschäftigung zu verdrängen. Beliebte Radiosendungen wie der „Frankfurter Wecker" oder „Die Firma Hesselbach" wurden nun ins Fernsehformat übertragen. Im Jahr 1960 verfügte schon jeder vierte Haushalt über das neue Statussymbol.

to buy new radios. By 1953, 83 % of West German households owned a radio. Wealth and prosperity allowed the demand for "light" and "harmless" entertainment to grow. There was a great need to repress the endured hardships of the lost war. The radio programmes, which were developed during this period, became the predecessors of later television series.

Radio in Times of Television

German television was launched on December 25, 1953. After only five years one million subscribers were registered. Television had grown to be radio's main competitor. With the expansion of its programmes, television had begun to displace radio as the nation's leading leisure-time activity. Popular radio programmes such as the "Frankfurter Wecker" and "Die Firma Hesselbach" were adapted for television. By 1960, one in four West German households owned a television set.

However, the growing public acceptance of television during the 1960s did not automatically lead to a decline in radio listeners. What did change were

Dolce Vita unterwegs: Die Entwicklung des Transistors ermöglichte den Bau kleiner mobiler Geräte und sorgte spätestens in den 1950er Jahren für mediale Unterhaltung selbst auf Reisen.

The development of the transistor made the manufacturing of small mobile appliances possible and at the latest in the 1950s provided medial entertainment even when travelling.

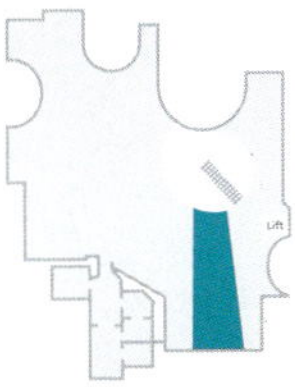

Die zunehmende Akzeptanz des Mediums Fernsehen führte in der Bundesrepublik in den 1960er Jahren nicht einfach nur zu einem wachsenden Verlust an Radiohörern. Vielmehr wandelten sich zugleich Funktion und Rezeptionsgewohnheiten: Der Hörfunk beanspruchte nicht mehr die ungeteilte Aufmerksamkeit, sondern wandelte sich zum Hintergrundmedium und fungierte als eine Art „Alltagsbegleitung".

Im Laufe der 1970er Jahre, dem „Fernsehjahrzehnt" schlechthin, verstärkten die Rundfunkanstalten ihren Kampf um die Hörergunst mit weitreichenden Reformen und intensiver Ausdehnung des Programmangebots. Die Einführung privat-kommerzieller Radiosender im Jahre 1984 steigerte nochmals die Bemühungen der ARD um Strukturveränderung, die nicht ohne Erfolg blieben: Die ARD-Programme des Jahres 1990 erreichten einen bundesweiten Anteil von 79 % der gesamten Hördauer.

Das Medium Radio ist am Beginn des neuen Jahrtausends so verbreitet wie nie zuvor, wenn auch die Nutzung sich geändert hat.
At the beginning of the new millenium the media radio is more widely listened to than ever even though its use has changed.

Am Beginn des neuen Jahrtausends war der Hörfunk so verbreitet wie nie zuvor in seiner Geschichte. Neben der herkömmlichen analogen Übertragung wurden seit 2003 die Möglichkeiten des digitalen Radioempfangs immer populärer. Die Hörer nutzen das fast uferlose Programmangebot von 48 ARD-Hörfunksendern und 198 kommerziellen Konkurrenten sehr intensiv: 79 % der Bundesbürger hörten im Jahr 2004 an einem durchschnittlichen Wochentag Radio, das entsprach etwa 51 Millionen Menschen. Die Hördauer lag mit 209 Minuten am Tag knapp vor der Fernsehnutzung mit 201 Minuten.

Hörproben aus den Anfängen des Rundfunks: Ein flotter Foxtrott, die Übertragung eines Fußball-Länderspiels, Albert Einstein bei der Berliner Funkausstellung 1930 und vieles mehr ... versetzen Besucher in eine andere Zeit.
Audio samples from the beginning of the radio: A jaunty foxtrot, the transmission of an international football match, Albert Einstein at the Berlin Radio Show in1930 and many more ... transfer visitors into another period.

the radio's function and the listeners' reception habits: No longer did the radio require the undivided attention of the listener, instead it took on the role of a background medium, a companion in everyday life.

In the 1970s, the "television decade" par excellence, broadcasting corporations stepped up their campaign to gain the listeners' favour. They did this by introducing far-reaching reforms and extending their range of programmes. The launch of commercial radio in 1984 intensified the ARD's endeavour for structural change. This process was marked by success: By 1990, 79 % of the average radio-listening time was spent listening to ARD broadcasts.

At the beginning of the new millennium radio is as popular as ever. Since 2003, apart from conventional analogue broadcasts, the possibilities which digital reception offers have become increasingly popular with consumers. Listeners have readily embraced the practically unlimited choice of the ARD's 48 radio stations and its 198 commercial competitors: On an average weekday, 79 % of the German population tune in, i.e. around 51 million people. Listening time averages around 209 minutes per day, 8 minutes more than the average TV viewing time.

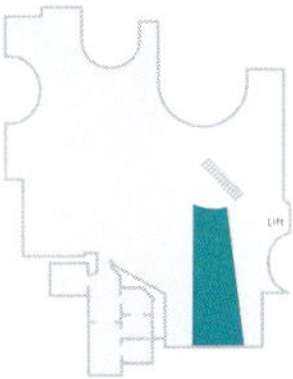

Fernsehen

Programm zur Auswahl
Serien und Sendungen, die Geschichte machten: Von „Wünsch Dir was!“ bis „Wetten dass ...?“ kann der Besucher aus fünf Jahrzehnten prominenter Fernsehproduktion auswählen.

Television

It's Your Choice
Series and shows that made history: The visitor can choose from five decades of prominent German television production.

Technik und Design: Fernsehempfänger mit Bildumlenkspiegel, Rundfunkempfänger und Plattenspieler aus dem Jahr 1937.
Technique and design: Television receivers with passive picture reflectors, radio receivers and record players from 1937.

Die Anfänge des Fernsehens
Seit Mitte des 19. Jahrhunderts arbeitete die Wissenschaft an einem Medium zur Fernübertragung bewegter Bilder. Entscheidend war die Erfindung des „Elektrischen Teleskops" durch Paul Nipkow im Jahr 1884. Seine rotierende Spirallochscheibe gilt als Urpatent des Fernsehens. Ihr folgte im Jahr 1897 die Entwicklung der Kathodenstrahlröhre durch Ferdinand Braun. Dessen Prinzip, Bilder zeilenweise auf einem Leuchtschirm darzustellen, wurde zu einem wichtigen Bestandteil der Fernsehtechnik.

Dennoch fristete das Fernsehen bis weit ins 20. Jahrhundert hinein ein Schattendasein. Erst 1926 gelang es dem Briten John Logie Baird, mit Hilfe zweier Nipkowscheiben brauchbare Fernsehbilder mechanisch zu übertragen. In Deutschland führten August Karolus und Dénes von Mihály seit 1924 erfolgreich Fernsehversuche durch. Nach dem System Mihály begann die Deutsche Reichspost am 8. März 1929 über den Berliner Mittelwellensender Witzleben mit der Ausstrahlung eines ersten regelmäßigen Fernsehversuchsprogramms. Bereits 1931 stellte Manfred von Ardenne ein vollelektronisches Fernsehsystem vor. Es beruhte auf verschiedenen Entwicklungen von Wladimir Zworykin – der elektronischen Kamera (Ikonoskop, 1923) und der elektronischen Bildröhre (Kineskop, 1929).

Mit der Etablierung des Fernsehens begann auch die Suche nach der flimmerfreien Bildauflösung. Ziel war es, die Anzahl der das Fernsehbild zerlegenden Zeilen zu erhöhen und die Abfolge der gezeigten Einzelbilder pro Sekunde zu steigern. Mit Nipkow-Scheibe und Braun'scher Röhre gelang 1906 die Übertragung von 20 Zeilen bei zehn Bildwechseln pro Sekunde. Als August Karolus 1924 seine Fernsehbilder vorstellte, waren schon 48 Zeilen möglich. 1929 präsentierte John Logie Baird einen Apparat mit 30 Zeilen bei 12,5

The Birth of Television

Since the mid-19th century scientists were working on the development of a medium that would enable the long-distance transmission of moving pictures. In 1884 Paul Nipkow created a device, which he named the "Electronic Telescope". Nipkow's rotating scanning disc is considered to be television's founding patent. In 1897 Ferdinand Braun invented the cathode-ray tube. His principle of dividing images into lines and displaying them on a fluorescent face ("screen") became an integral part of television technology.

Television, nonetheless, was reduced to a shadowy existence for a large part of the 20th century. Not until 1926 was it possible for the Scottish inventor John Logie Baird to transmit useable television images mechanically, by means of two Nipkow discs. Since 1924, August Karolus and Dénes von Mihály had conducted successful TV experiments in Germany. On March 8, 1929, from the Berlin medium wave station at Witzleben, the German Reichspost used the Mihály system for its first regular television service trials. In 1931 Manfred von Ardenne presented his fully electronic television system. It was based on the various developments made by V. K. Zworykin – the electronic television camera (Iconoscope, 1923) and the electronic cathode-ray tube (Kinescope, 1929).

As soon as television was established the search began for flicker-free resolution. The ultimate aim was to enhance the number of lines breaking down the television image and increase the sequence of single pictures transmitted per second. In 1906 images were transmitted at a rate of 20 lines at 10 pictures per second with the aid of the Nipkow disc and the Braun cathode-ray tube. By 1924 August Karolus' TV-images were shown at a rate of 48 lines. In 1929 John Logie Baird's apparatus broke down images at 30 lines with 12.5 pictures per second. By the end of the 1920s, the limits of purely mechanical television had been reached. It was Manfred von Ardenne who put forward the idea of installing the cathode-ray tube not only in the tele-

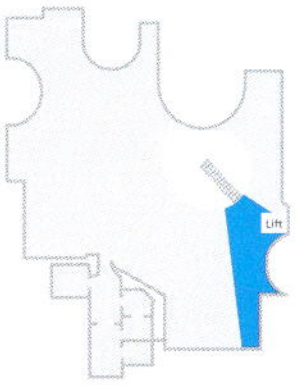

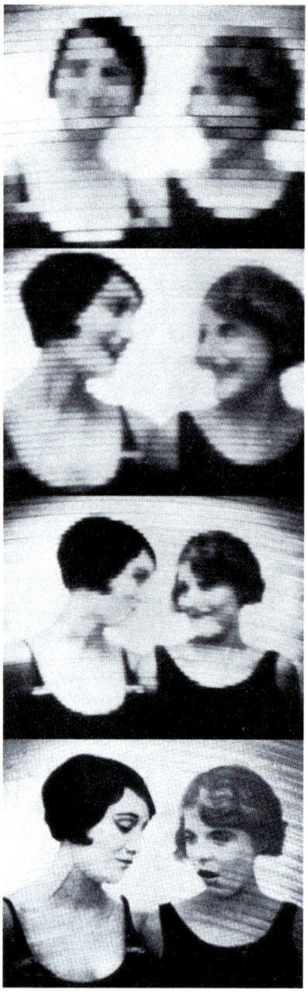

Bald nach Erfindung des Fernsehens begann das Streben nach dem flimmerfreien Bild. Ziel war es, die Anzahl der das Fernsehbild zerlegenden Zeilen zu erhöhen, von 30 (erstes Foto) bis 150 Zeilen (letztes Foto).
Soon after the invention of television the strive for a flickerless picture began. The aim was to increase the number of lines dissecting the televised picture, from 30 (first photograph) up to 150 lines (last photograph).

Bildwechseln. Doch Ende der 1920er Jahre hatte man die Grenzen des rein mechanischen Fernsehens erreicht. Erst Manfred Ardennes Idee, die Braun'sche Röhre nicht nur in den Fernsehempfänger, sondern auch in die Kamera einzusetzen, eröffnete dem vollelektronischen Fernsehen neue Perspektiven. In kürzester Zeit wurde die Bildauflösung erhöht: 1934 waren es 180 Zeilen, 1937 schließlich 441 Zeilen.

Die Zeit des Nationalsozialismus unterbrach die Fortentwicklung des Mediums nicht, sondern die Reichspost konnte ihre Fernsehversuche fortsetzen: Am 22. März 1935 nahm der „Fernsehsender Paul Nipkow – Berlin" seinen Betrieb auf – als erster der Welt. Das Fernsehen diente den Verantwortlichen im „Dritten Reich" hauptsächlich dazu, den wirtschaftlichen Führungsanspruch auf dem Gebiet moderner Technik herauszustellen. Eine ähnlich propagandistische Wirkung wie das Radio erlangte es in der Zeit jedoch nie, schon weil sich nur wenige die teuren Empfangsgeräte leisten konnten. Aber mit den aufwändig medial inszenierten Olympischen Sommerspielen 1936 gelangte das Fernsehen dann erstmals in das Bewusstsein eines breiteren Publikums.

Der Aufstieg

Seinen eigentlichen Siegeszug trat das Fernsehen erst nach dem Zweiten Weltkrieg an. Zu Weihnachten 1952 nahm das bundesdeutsche Fernsehen seinen Betrieb auf, und auch in der DDR gab es seit dem 21. Dezember 1955 regelmäßige Programme. Am 3. Januar 1956 erfolgte die offizielle Vorstellung des „Deutschen Fernsehfunks".

In der Wirtschaftswunderwelt der 1950er Jahre galt das Fernsehen in den eigenen vier Wänden als Sensation und deshalb als unbedingt erstrebenswert. Das Fernsehprogramm bestimmte zunehmend den Alltag: Die Hauptnachrichten und -serien, der

vision set but also in the camera. This opened brand new perspectives towards fully electronic television. In a very short time the rate of transmission was increased: in 1934 it had risen to 180 lines, by 1937 to 441 lines.

By no means did the Nazi dictatorship disrupt television's further development. On the contrary, the "Reichspost" was able to continue its experiments: On March 22, 1935 the world's first broadcasting station, the "Television Station Paul Nipkow – Berlin", took up its service. Television was mainly exploited in order to emphasise the Third Reich's economic superiority in the field of modern technology. Nonetheless, TV never gained the same propagandistic status enjoyed by the radio during this period, not least because only a very few could afford its high price. The medially lavishly staged 1936 Olympic summer games let television enter the conscience of a broader public.

The Ascent of Television

Television began its actual ascent only after the end of the Second World War. Federal German television commenced its service Christmas 1952, whereas the GDR started its regular broadcasts on December 21, 1955. This was followed by the GDR's official launch of the "Deutsche Fernsehrundfunk" on January 3, 1956.

During the West German economic boom of the 1950s, having a television in one's own four walls was considered to be a sensation and therefore, highly desirable. TV programmes had a growing influence on everyday life: The main news and series, the "Friday thriller" and Saturday entertainment shows created new time coordinates which became an integral part of leisure time planning.

Fernsehen als Zuschauermagnet: Passanten verfolgen vor dem Schaufenster eines Fernsehgeschäfts die Übertragung des WM-Finales Deutschland gegen Ungarn 1954.

Television as viewer magnet: Looking through the window of a television shop, passers by follow the broadcast of the World Cup final Germany vs Hungary in 1954.

Freitag, 25. August 1967 • 15 Pf
Nr. 197 • DRUCK IN HAMBURG • C 1783 A ****
Bild
Auflage über 4 Millionen Exemplare
ZEITUNG
UNABHÄNGIG · ÜBERPARTEILICH
Heute kommt Farbe in Ihr Wohnzimmer

Beginn des Farbfernsehens 1967: Niemand geringerer als der damalige Vizekanzler der Bundesrepublik Deutschland, Willy Brandt, betätigte den roten Startknopf auf der Internationalen Funkausstellung in Berlin.
Start of colour television in 1967: None other than Willy Brandt himself, the then vice chancellor of the Federal Republic of Germany, pressed the red start button at the International Radio and Television Show in Berlin.

„Freitagskrimi" und die Unterhaltungsshow am Samstag stellten neue Zeitkoordinaten her, die zum festen Bestandteil der Freizeitplanung wurden.

In der Folgezeit stieg die Zahl der Geräte in bundesdeutschen Haushalten sprunghaft an. Zugleich wuchs der Wunsch nach mehr und anderen Programmen, dem man 1963 mit der Gründung des Zweiten Deutschen Fernsehens (ZDF) und den Dritten Programmen Rechnung trug. Die gefestigten Zuschauerrituale der 1950er Jahre, als es keine Alternativen gab, wurden nun durch eine selektive Programm- und Senderauswahl verdrängt. Die einheitliche und unkritische Fernsehgemeinschaft des Wirtschaftswunders hatte ihr Ende gefunden.

Bereits 1969 besaß nahezu jeder Haushalt ein Fernsehgerät; das neue Medium war zur Selbstverständlichkeit geworden und begann sogar zunehmend zu langweilen. Trotzdem nutzte die Bevölkerung es weiterhin intensiv, wenn auch in anderer Form. Im Unterschied zu früher kam dem Fernsehen in den 1970er Jahren eher eine Regenerationsfunktion zu: Begriffe wie „in den Bildschirm dösen" und „glotzen" drückten nun eine negative Grundhaltung gegenüber dem Medium aus. Das Image des Fernsehens als unverzichtbares Statussymbol war erschüttert.

Anders Fernsehen

Für radikale Unabhängigkeit vom vorgegebenen Programmschema der Fernsehanstalten sorgte die Erfindung des Video-Rekorders. Zwar kamen schon in den 1960er Jahren die ersten Geräte für den privaten Gebrauch auf den Markt, verbraucherfreundlich und erschwinglich aber wurden sie erst in den 1980er Jahren. Die Fernsehgewohnheiten änderten sich abermals, die Aufzeichnung erlaubte eine individualisierte Programmnutzung.

Der „Kuba-Komet“, ein 131 kg schweres Schrankmöbel der Luxusklasse aus den 1960er Jahren.
The "Kuba-Komet", a 131 kg heavy de luxe cabinet from the 1960s.

The following period saw a sharp increase in the number of TVs in West German households. At the same time there was a growing demand for a greater range and variety of programmes. In 1963 this was taken into account with the introduction of Second German Television (ZDF) and the Third channels. Prior to that, viewer rituals had been determined by a lack of programme alternatives. These were superseded by a selective programme and channel choice. The unified and uncritical television community of the 1950s had ceased to exist.

In 1969 almost every household owned a television; by then the new medium had been taken for granted and was increasingly considered to be boring. Nevertheless, the population continued to watch the medium extensively, albeit in a different way. In contrast to previous decades, television in the 1970s took on a regenerative function. Expressions such as "dozing" or "goggle box" expressed the prevalent negative attitude towards the medium. The image of television as an indispensable status symbol had been irretrievably lost.

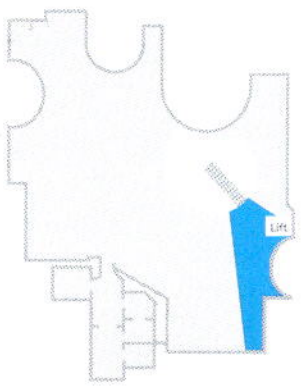

Eine tiefe Zäsur in der Fernsehgeschichte bildete die Einführung des Privatfernsehens am 1. Januar 1984, das sich ausschließlich aus Werbung finanziert. Es entwickelte sich innerhalb kurzer Zeit zu einer festen Größe in der deutschen Medienlandschaft. Während 1984 durchschnittlich 3,5 Programme empfangen werden konnten, waren es im Jahr 2001 bereits 35. Die neuen Anbieter veränderten wiederum die Programmstruktur des Fernsehens, auch die Gewohnheiten des Publikums. Zuschauer wurden nun nicht mehr als Nutzer, sondern als „Käufer" wahrgenommen, die mit dem Zahlungsmittel Einschaltquote die Programmgestaltung beeinflussten. Als Konsequenz des Konkurrenzkampfes nahm der „Artikel" leichte Unterhaltung stark zu; Serien, Spiel- und Talkshows versprachen hohe Zuschauerzahlen. Gleichzeitig änderten sich durch die noch nie da gewesene Menge an Programmen und die zahlreichen Werbeeinblendungen die Sehgewohnheiten: Statt wie bisher eine Sendung auszuwählen und diese vollständig zu verfolgen, etablierte sich – auch wegen der Fernbedienung – das schnelle und häufige Umschalten („switching" und „zapping").

Tatsächlich empfindet das Publikum des beginnenden 21. Jahrhunderts die Fülle des Fernsehens als Ausdruck persönlicher Freiheit. Damit hat man sich vom Ursprung des Mediums sowohl inhaltlich als auch der Form nach weit entfernt. Fernsehen und PC verändern sich zunehmend, das Wohnzimmer avanciert zu einer universellen Multimedia-Station. Die letzte fernsehtechnische Neuerung aus dem Jahr 1996 war die Einführung des digitalen Fernsehens. Neben einer ortsunabhängigen Nutzung soll das „Überallfernsehen" dem Publikum Zugang zu einer noch größeren Programmwelt ermöglichen.

Wenn das Notebook zum Fernseher wird: Der EuroMini ist klein, handlich, portabel und fängt digitales Fernsehen auf dem Computer ein.
When the notebook becomes a television: The EuroMini is small, handy, portable and is able to receive digital television.

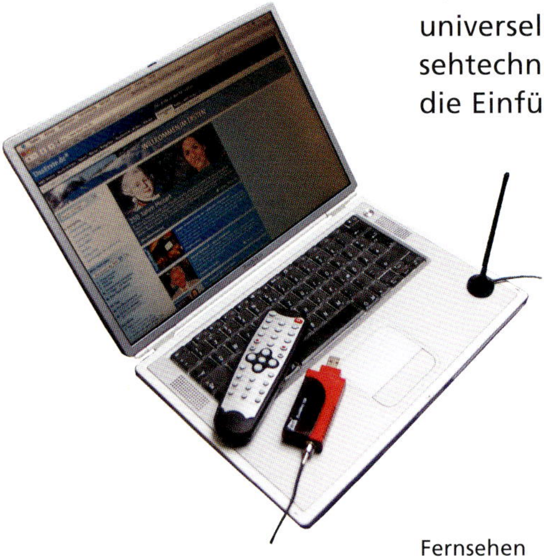

Alternative Viewing

The video recorder brought to the viewer a radical independence from the broadcasting companies' predetermined programme schemes. Although the first models had been available in the 1960s, it was not until the 1980s that video recorders became user-friendly and affordable. Viewing habits changed once again, video recording providing the viewer with individualised programme consumption.

On January 1, 1984 private television made its first appearance on Germany's TV screens. Entirely financed by commercials, its launch had a profound effect on German television history. In a very short time it became a leading figure on Germany's media landscape. In 1984 an average of only 3.5 programmes could be received. By 2004 this number had risen to 35, the new providers changing German television's programme structure and viewing habits. Viewers were no longer perceived as mere users, but rather as "customers" who took direct influence on TV's content through viewing figures. The growing competition resulted in a profound increase in light entertainment, series, game and talk shows, which promised high viewing figures. At the same time, the inundation of the viewer with a deluge of programmes and commercial breaks changed television routines yet again: Instead of making a choice of programme prior to viewing and then following it in its entirety, rapid switching or "zapping" between programmes established itself as a new mode of TV consumption.

At the beginning of the 21st century the vast abundance of television programmes is perceived by the public as a manifestation of personal freedom. Viewers have thereby distanced themselves from the medium's original content and form. TV and computer are changing progressively, the living room having been transformed into a universal multi media station. In 1996 the most recent technological advance took place with the introduction of digital television. Apart from being autonomous in the choice of one's viewing location, this new form of television is supposed to enable viewers' access to an even greater range of channels.

Die Fernbedienung zerstörte endgültig althergebrachte Fernseh-Routinen und -Rituale. Abschalten, umschalten, weiterschalten all das machte sie per Knopfdruck möglich und verminderte so die Konzentrationsspanne des Publikums, das Sendungen seither – ohne Bequemlichkeitsverlust – nicht mehr vollständig zu verfolgen braucht.

The remote control finally destroyed long-standing television routines and rituals. Turning on, turning off, turning over, these were all made possible by pressing a button, thus reducing the viewers concentration intensity, making it easier to decide which programme to watch.

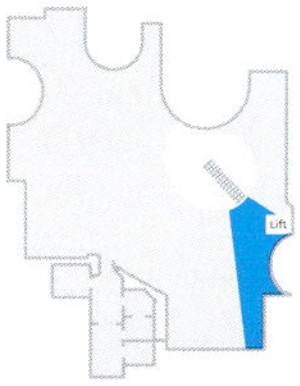

Neue Medien und Übertragungstechnik

Schätzungsweise eine Milliarde Menschen rund um den Globus surfte 2005 im Netz – verglichen mit 20 Millionen fünf Jahre zuvor. Das Internet als Kommunikations- und Informationsmedium hat einen rasanten Aufschwung erlebt und ist aus unserem Alltag nicht mehr wegzudenken. Dabei verdankt das „Netz" seine enorme Verbreitung neben der verbesserten Kabeltechnik vor allem der erfolgreichen Einführung des Personal Computers (seit etwa 1980) sowie der Entwicklung des World Wide Web (ab 1983).

Compared with 20 million people in the year 2000, it is estimated that 1 billion people around the world surfed in the Internet in 2005. The Internet as communication and information media experienced a tremendous boom and everyday life would be unthinkable without it. The „Net" owes its enormous expansion, above all, to the successful introduction of the personal computer (since circa 1980) besides the improved cable technique, as well as the development of the World Wide Web (from 1983).

New Media and Transmission Technique

Die Anfänge der elektrischen Übertragung

Die ersten Telegrafenleitungen in den 1830er Jahren bestanden aus unisolierten Drähten, die frei zwischen Holzmasten gespannt waren. Wegen der Witterungsanfälligkeit von Freileitungen wurden schon 1847 erste Versuche mit unterirdischen Kabeln unternommen, doch Brüchigkeit, Feuchtigkeit und Tierfraß machten die ersten Erdkabel rasch unbrauchbar. Es folgte als Verbesserung ein Schutzmantel aus Blei. Und 1876 begann die Reichspost mit dem Bau eines unterirdischen Telegrafennetzes. In den Städten zwang ab 1890 ohnehin das schnell wachsende Fernsprechnetz zur Verlegung in der Erde, da die Dachgestänge bald nicht mehr in der Lage waren, die Freileitungen tausender Telefonanschlüsse aufzunehmen.

Wachsender Leitungsbedarf zog immer dickere Kabel nach sich: Hatte ein Kabel 1880 noch sieben Adern, wurden zehn Jahre später bereits Kabel mit 112 Adern verlegt. Statt dem anfänglichen Blei kamen dann Mäntel aus Aluminium oder Kunststoff zum Einsatz. In unterirdischen Röhren wurden die Kabel nur noch eingezogen. Sie mussten nicht mehr einzeln vergraben, defekte Leitungen konnten leichter ausgewechselt werden.

Verlegen von Telefonkabel in einer süddeutschen Kleinstadt, um 1925.
Laying telephone cables in a small town in south western Germany, circa 1925.

Arbeiten an einem Fernmelde-Erdkabel, um 1950.
Working on a telecommunications underground cable, circa 1950.

The Beginning of the Electric Transmission

The telegraph lines in the 1830s consisted of non-insulated wires, which were freely suspended between wooden masts. Because of open-lines being susceptible to weather conditions, first tests with underground cables were already carried out in 1847 but brittleness, dampness and animal damage quickly made the first underground cables unusable. This was improved by the use of a lead cover. Then in 1876, the Reichspost began to build an underground telegraph network. From 1890, the towns were forced to lay the rapidly growing telephone system underground, since the roof poles were soon unable to accomodate the open-lines of thousands of telephone connections.

The growing need for lines meant ever thicker cables. If a cable had seven wires in 1880 then ten years later cables with 112 wires were laid. Instead of the original lead, covers of aluminium or plastic were brought into use. The cables were then simply put into underground pipes. They no longer had to be buried singly, and it was easier to exchange any defective line.

Die unterirdische Kabelverlegung war teuer, deshalb wurden Telegrafenleitungen anfangs einfach über Land gezogen, von Mast zu Mast mit Gestänge und Querträgern. Doch diese Freileitungen waren sehr witterungsanfällig. Sturm, Eis, Hagel oder Blitzschlag konnten sie beschädigen. Im Winter 1909 zum Beispiel brachen bei einem Schneesturm mehr als 3000 überlastete Masten zusammen und rissen rund 13000 km Leitungen mit sich.

Since the laying of underground cables was expensive, telegraph lines were, at first, simply set up overland, from mast to mast with supports and cross arms. But these open-lines were very susceptible to weather conditions. Storms, ice, hail or lightning could damage them. For instance, in the winter of 1909, more than 3000 overloaded masts collapsed during a snow storm, bringing down about 13000 km of lines.

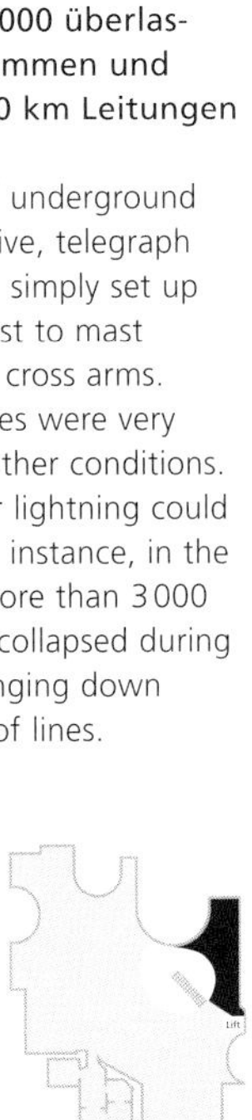

Bruch des Kabels an Bord der „Great Eastern" beim zweiten erfolglosen Versuch, ein Seekabel von Europa nach Amerika zu legen, 1865.
Breaking of a cable on board of the "Great Eastern" during the second unsuccessful attempt to lay a submarine cable between Europe and America in 1865.

Transatlantische Verbindungen
Erste Versuche, Kabel zwischen Kontinenten auf dem Meeresboden zu versenken, scheiterten zunächst an wiederholten Kabelbrüchen bereits bei der Verlegung. Erst als Werner Siemens 1857 eine sichere Kabelbremse entwickelte, wurde das kontrollierte Abrollen der Kabel von den Schiffen bei hoher Wassertiefe möglich.

Im Jahr 1864 gelang es Cyrus Field schließlich, Europa und Amerika mit einem über 4000 km langen Kabel dauerhaft zu verbinden. In den folgenden Jahrzehnten legten Spezialschiffe Kabel zu Inseln und zwischen allen Kontinenten. Während in den 1960er Jahren für Telefongespräche und Fernsehübertragungen nach Übersee vorwiegend Satelliten genutzt wurden, erfolgt heute der überwiegende Teil der Kommunikation wieder über Seekabel. Nun sind es allerdings keine Kupferkabel mehr, sondern optische Fasern („Glasfaserkabel"), isoliert durch Polyäthylen.

Transatlantic Connections

First attempts to sink cables to the bottom of the sea, between continents, failed initially through repeated cable breakages, which already happened when they were being laid. Only when Werner Siemens developed a safe cable brake in 1857, was the controlled uncoiling of cables from the ship at great depth of water possible.

Finally, in 1864, Cyrus Field managed to join Europe and America permanently with a cable of over 4000 km length. In the following decades special ships laid cables to islands and between all continents. Whereas overseas telephone calls and television transmissions mainly used satellites in the 1960s, today the predominant part of communication is done by submarine cable again. Now, however, they are no longer copper cables, instead optical fibres („fibreglass cables"), which are insulated with polyethelene.

From Amplifier to Carrier Frequency

When making connections over great distances, electric signals constantly lose strength, until finally they cannot be received any more. The first Bell and Siemens telephone sets, therefore, had only a range of maximum 75 km. From 1900, they began to install inductor coils in the telephone lines, which balanced the energy losses that occurred, thus enabling telephone calls to be made over many hundreds of kilometres. Through the invention of the electron amplifier tube, by Robert von Lieben in 1906, telephoning became almost boundless.

Made possible by the tube, the construction of a long-distance cable net began in 1920-21. In order to utilise the expensive long-distance cables more effectively, the carrier frequency technique was developed, through which several telephone calls are transmitted

Niederfrequenz-Fernverbindungskabel mit 400 Doppeladern, um 1970 verlegt.
Low frequency long distance cable with 400 twin wires, laid around 1970.

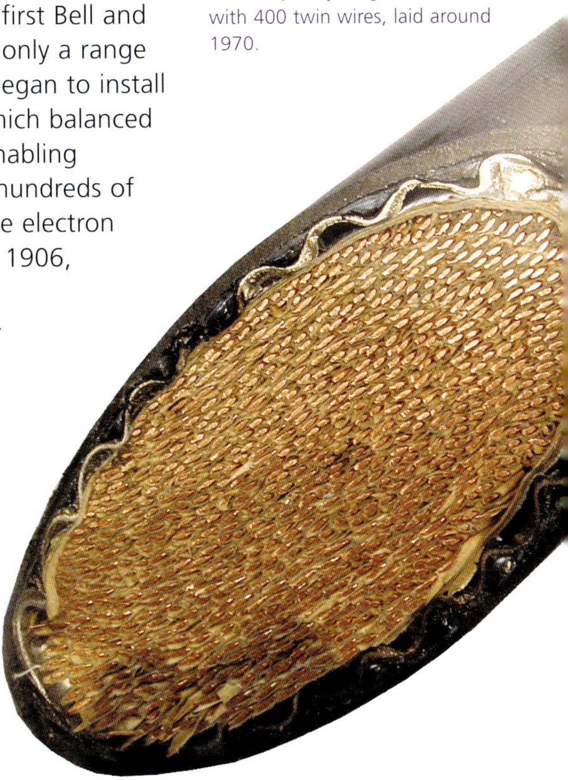

Abb. S. 109: „Mein Museum – Dein Museum": Ein internetgestütztes, interaktives Projekt verschiedener Kommunikationsmuseen in Europa.
"My Museum – Your Museum": An Internet based, interactive project of different European communication museums.

Vom Verstärker zur Trägerfrequenz

Bei Verbindungen über große Distanzen verlieren elektrische Signale immer weiter an Stärke, bis sie schließlich nicht mehr zu empfangen sind. Die ersten Fernsprechapparate von Bell und Siemens hatten daher nur eine Reichweite von maximal 75 km. Nach 1900 begann man, in die Fernsprechleitungen Induktionsspulen einzubauen, die die auftretenden Energieverluste ausglichen und Telefonate über viele hundert Kilometer hinweg ermöglichten. Nahezu grenzenlos wurde das Telefonieren mit der Erfindung der Elektronen-Verstärkerröhre durch Robert von Lieben im Jahr 1906.

Durch die Röhre ermöglicht, begann 1920/21 der Bau eines Fernkabelnetzes. Um die teuren Fernkabel besser auszunutzen, wurde die Trägerfrequenztechnik entwickelt, mit der auf einer einzigen Leitung durch Modulation mehrere Telefonate gleichzeitig übertragen werden. 1918 erprobte man erste trägerfrequente Sprechkreise auf den Freileitungen zwischen Berlin und Hannover bzw. Frankfurt. Ab 1932 kamen sie auch auf unterirdischen Fernkabeln zum Einsatz; sie erlaubten vier

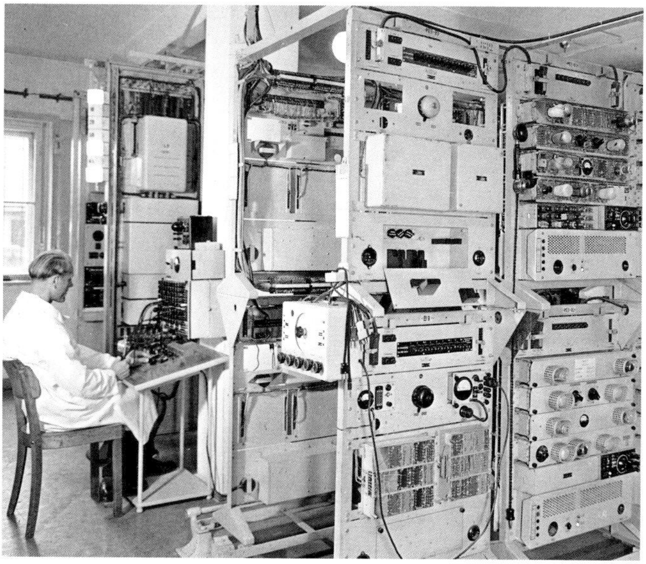

Verstärkeramt in München, um 1955.
Repeater station in Munich, circa 1955.

Sprechkanäle pro Leitung. Anfang der 1950er Jahre wurden in schneller Folge Systeme mit 12, 60, 120 und 2700 Kanälen eingeführt. Höhepunkt und Abschluss dieser Technik bildete 1974 ein System, mit dem 10800 Gespräche gleichzeitig auf einer Leitung übertragen wurden. Die Digitaltechnik der 1990er Jahre löste die Trägerfrequenztechnik schließlich ab.

Digitale Übertragungstechnik

Analoge Informationen wie Sprache, Musik und auch Bilder können in digitale Signale umgewandelt werden. Dabei wird die Nachricht in festgelegten Zeitabständen abgetastet, in einer kurzen Impulsabfolge codiert und zu Paketen zusammengefasst übertragen. Dafür ist keine ständige Verbindung mehr erforderlich; die einzelnen Datenpakete können unterschiedliche Wege nehmen – sei es über Kupferkabel, Richtfunk (bei dem die Übermittlung drahtlos über Richtantennen erfolgt) oder Satelliten –, um erst beim Empfänger wieder zusammengesetzt und decodiert zu werden.

Optische Fasern, insbesondere Glasfaserkabel, sind seit den 1980er Jahren als Fernkabel in Betrieb. Digitale Informationen werden hier nicht mehr als elektrische, sondern als Lichtimpulse übertragen. Ein Glasfaserkabel kann dank verschiedener Multiplexverfahren eine Datenmenge übermitteln, die es erlauben würde, mehrere Millionen Telefongespräche gleichzeitig zu führen – und diese Technik bildet auch die Grundlage für das Internet.

Erdfunkstelle in Raisting: Von hier hat die Deutsche Telekom bis Ende 2005 weltweite Kommunikation über Satelliten betrieben.
Communication-satellite earth station in Raisting: From here the German Telecom operated its world-wide communication via satellites until the end of 2005.

simultaneously, on a single line by modulation. In 1918, the first carrier frequent speaking circuits were tested on the open-lines between Berlin and Hannover and Frankfurt, respectively. From 1932, underground long distance cables were also used. They allowed four speaking channels per line. At the beginning of the 1950s, systems with 12, 60, 120 and 2700 channels were introduced in quick succession. The peak and the end of this technique were formed in 1974 with a system by which 10800 calls were transmitted simultaneously on one line. The digital technique of the 1990s finally replaced the carrier frequency technique.

Digital Transmission Technique

Analogue information such as language, music and also pictures can be converted into digital signals. The message is thereby scanned at set intervals, coded in a short pulse sequence, and is transmitted condensed in packets. A permanent connection is not required any more for this; the individual data packets can go in different ways – be it via copper cables, directional radio (through wireless transmission via directional aerials), or satellites – and will be composed and decoded again, only when it reaches the receiver.

Optical fibres, especially glass fibre cables, have been in use as long-distance cables since the 1980s. Here digital information is not transmitted as electrical but rather as light-pulses. Thanks to different multiplex procedures, a glass fibre cable can forward a data set that could allow several million telephone calls to be made simultaneously. This technique also forms the basis for the Internet.

Internetnutzung weltweit

(*Annäherungswerte)

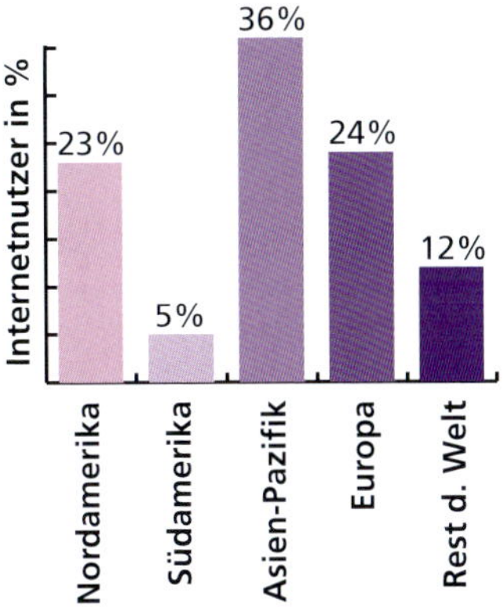

Wie viele Menschen ins Netz gehen, variiert immer noch sehr stark von Kontinent zu Kontinent. Den höchsten Prozentsatz verzeichnet Asien, den niedrigsten Südamerika. Quelle: Morgan Stanley Research.

The number of people accessing the Net still varies very much from continent to continent. Asia has the highest percentage while South America has the lowest. Source: Morgan Stanley Research.

Das Briefmarkenkabinett

Die erste deutsche Briefmarke, der „Schwarze Einser", von 1849. Nachdem sich die Briefmarke in Großbritannien bereits durchgesetzt hatte, folgte ihre Einführung nach den Wirren des Revolutionsjahres 1848 dann auch hierzulande.
The first German stamp, the "Schwarze Einser" from 1849. After the stamp had established itself in Great Britain, it was also introduced in Germany (after the revolutionary disturbances of 1848).

Jahrhundertelang hatte der Empfänger eines Briefes die Gebühr für dessen Übermittlung zu zahlen. Mitte des 19. Jahrhunderts jedoch setzte sich in Großbritannien die Vorstellung durch, der Absender habe das Briefporto besser vorab zu entrichten. So kam die erste Briefmarke der Welt, die „Black Penny", am 1. Mai 1840 in den Verkauf. Abgebildet war der Kopf der Königin Victoria. Es folgten mit eigenen Briefmarken die Schweiz, Brasilien, die USA sowie 1847 die legendäre britische Kolonie Mauritius. 1849 gab Bayern als erstes deutsches Land den „Schwarzen Einser" heraus.

Briefmarken schreiben Geschichte. Sie erinnern an wichtige Ereignisse, an bedeutende Persönlichkeiten und weisen auf Feste und Gedenktage hin. Sie sind Kulturbotschafter und werben für das jeweilige Land. Selbst soziale Anliegen werden auf Marken „plakatiert". Auf wenigen Quadratzentimetern bildet sich die Welt wie in einem Brennglas ab.

Neben den „Dauerserien" der Deutschen Post gibt es jedes Jahr etwa 60 Sondermarken, von denen etwa die Hälfte durch „Wohlfahrtsmarken" mit zusätzlichem Spendenanteil thematisch bereits festgelegt ist. Für die übrigen Marken kann jeder Bürger Vorschläge machen. Ein Programmbeirat gibt Empfehlungen für das Jahresprogramm ab. Ein Kunstbeirat fordert dann Grafiker zu Entwürfen für neue Marken auf, beurteilt diese und unterbreitet dem Bundesfinanzministerium – dem Herausgeber – einen Vorschlag.

The Stamp Gallery

For centuries it was the letter's recipient who had to pay the fee for its conveyance. However, in mid 19th century Britain the idea took hold that it would be better if the sender paid the mail's postage prior to its delivery. Featuring the head of Queen Victoria, the world's first postage stamp, the "Black Penny", was issued on May 1, 1840. Switzerland, Brazil and the USA soon followed the British example. In 1847 the legendary British colony of Mauritius also put its first stamp on sale. Two years later, in 1849, Bavaria was the first German state to issue the "Black One" ("Schwarzer Einser").

Stamps write history. They awaken memories of important events, of notable personalities and announce festivals and commemorative dates. They are ambassadors to their country of origin, advertising its culture. Stamps even draw attention to social matters. In effect, the world is depicted on a space of a few square centimetres.

„Gscheidle-Irrtum": Original-Druckbogen der Serie „Für den Sport" anlässlich der Olympischen Spiele in Moskau 1980. Weil aber die Bundesrepublik zusammen mit den meisten westlichen Staaten die Spiele wegen des Einmarsches der Sowjetunion in Afghanistan boykottierte, wurde die gesamte Auflage kurzfristig vernichtet. Allerdings hatte der damalige Bundespostminister Kurt Gscheidle noch drei Bogen zu Hause, die seine Frau irrtümlich nutzte. So gelangten doch einige der Marken in Umlauf, die heute begehrte Sammlerstücke sind.

The "Gscheidle mistake": Original sheet of the series "Für den Sport" on the occasion of the 1980 Olympic Games in Moscow. Nevertheless, because of the Soviet invasion of Afghanistan, the Federal Republic had decided to boycott the games together with most of the western states. Therefore, the complete edition was destroyed at short notice. The Postmaster-General at that time, Kurt Gscheidle, however, still had three sheets at home which his wife used accidentally. Consequently some of the stamps were put in circulation, thus making them much sought-after collectors' items.

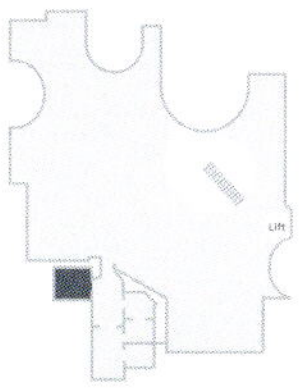

Eine Rarität: Ein „Lakehurst-Beleg“ mit Berliner Entwertungsstempel. Der Brief wurde mit dem Zeppelin „Hindenburg“ befördert, der in Lakehurst nahe New York in Brand geriet, wurde aus dem Wrack geborgen und dem Empfänger in einem Schutzumschlag zugestellt.
A rarity: A "Lakehurst Document" with a Berlin postmark. The letter was transported by the Zeppelin "Hindenburg" which caught fire in Lakehurst near New York. It was salvaged from the wreckage and was delivered to the recipient in a protective envelope.

Philatelie

Das Kunstwort leitet sich aus „philos“, griechisch Freund, und „atelia“, Gebührenfreiheit, ab und kann mit „Liebhaber der Gebührenfreiheit“ übersetzt werden. Die Philatelie beschäftigt sich mit dem systematischen Sammeln, Erforschen und Auswerten von Postwertzeichen. Neben der Briefmarke werden auch Umschläge, Postkarten, Telegrafen-, Steuer- und Stempelmarken, die Feld- und Schiffspost sowie Ersttagsbriefe einbezogen.

Die klassische Philatelie begann um 1860, als Kataloge, Zeitschriften und Forschungsarbeiten erschienen. 1877 gründeten Philatelisten die ersten Vereine. Bis zum Ersten Weltkrieg sammelte man vor allem nach postgeschichtlichen Kriterien, das Sammeln nach Motiven folge erst später.

Das Museum verfügt über eine Schatzkammer philatelistischer „Highlights“, die Zeugnis ablegen von außergewöhnlichen Begebenheiten, folgenschweren Irrtümern, beachtenswerten Fälschungen, politischen Konflikten, heldenhaften Taten und phantasievollen Botschaften.

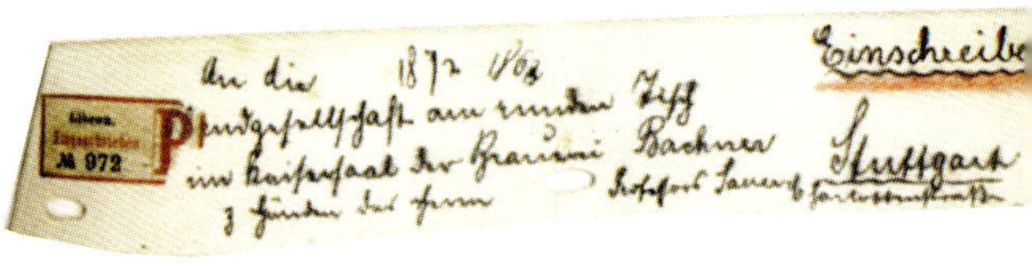

Einschreiben auf papiernem Hemdkragen aus Deutsch-Südwestafrika, von der Reichspost 1899 korrekt zugestellt. In Ermangelung einer Postkarte nutzte ein Reisender dieses ungewöhnliche Briefpapier. Er befand sich am Rande der Kalahari-Wüste und berichtete Freunden in Stuttgart von seinen dortigen Erlebnissen. Unter anderem schrieb er: „Postkarten ... gibt´s hier nicht. Papierkragen sind beinahe noch seltener. Nur dem gestrigen Pfingstfest ist diese Ausnahme zu verdanken.“
Registered letter on a paper shirt collar from German South-West Africa, delivered correctly by the Reichspost in 1899. For want of a postcard, a traveller used this unusual writing paper. He was on the edge of the Kalahari desert, reporting to his friends in Stuttgart of his adventures there. Among other things, he wrote: "They don't have postcards here … Paper collars are even less available. But thanks to yesterdays Witsun-tide holiday an exception has been made."

Each year, in addition to its "long-term" series, the German Post issues around 60 special stamps. About half of these are thematically prearranged charity stamps containing donations. The public may put forward suggestions as to the design of the remaining stamps. A programme board makes recommendations for the annual programme. A design board then calls upon designers to develop ideas for new stamps, assesses the resulting design examples and forwards suggestions to the Federal Ministry of Finance, the stamps' issuer.

Philately

This invented word is derived from the Greek "philos" (friend) and "atelia" (postage free) and can be translated as "collector/enthusiast of postage-free stamps". Philately concerns itself with the systematic collection, research and evaluation of postal stamps. It also incorporates envelopes, postcards, telegraph and tax stamps, military and naval mail and first-day covers.

Around 1860 classic philately started out with the publication of catalogues, magazines and research papers. In 1877 philatelists founded their first societies. Until the First World War collecting was mainly conducted with postal historical criteria in mind. Only later did collecting receive a thematic approach. The museum has on show a treasure chamber of philatelist "highlights", which give witness to unusual events, fateful errors, remarkable forgeries, political conflicts, heroic deeds and imaginative messages.

Das Museum zeigt eine komplette Sammlung deutscher Marken seit 1849.
The museum has a complete collection of German stamps since 1849 on display.

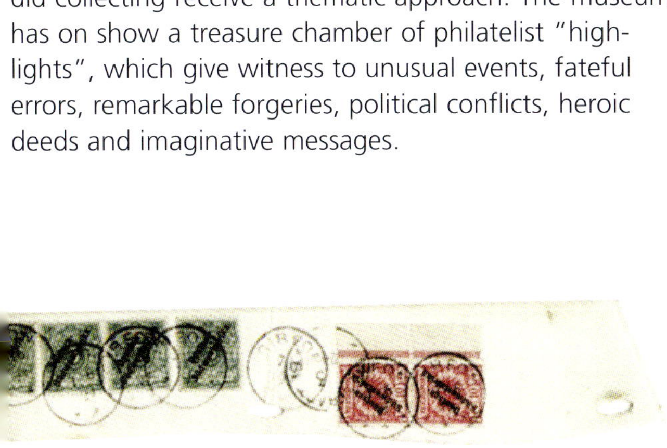

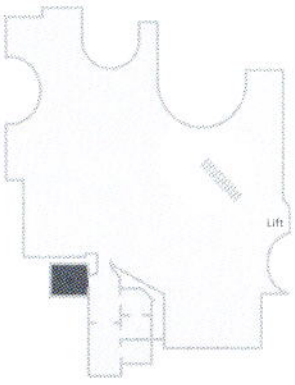

Abb. S. 117: Pre-Bell-Man von Nam June Paik, 1990: Eine Collage aus Objekten, Geräten, Bauteilen von Radio- und TV-Geräten aus den Sammlungen des Museums.
Pre-Bell-Man by Nam June Paik, 1990: A collage of objects, devices, parts of radio and TV sets from the museum's collections.

Kunst und Kommunikation

Die Kunstsammlung

Das Museum für Kommunikation beherbergt die Kunstsammlung der Museumsstiftung Post und Telekommunikation, von der eine repräsentative Auswahl in der Dauerausstellung zu sehen ist. Die Anfänge auch dieser Sammlung gehen auf eine Initiative des Generalpostmeisters Heinrich von Stephan zurück. Stephans Interesse galt insbesondere Kunstwerken mit posthistorischem Bezug. Genreszenen zählen ebenso dazu wie eine umfangreiche Bildnissammlung von herausragenden Vertretern der Postgeschichte sowie auf dem Gebiet der Kommunikation tätiger Naturwissenschaftler.

Die motivisch-dokumentarische Funktion von Kunst ist in der jüngeren Sammlungsgeschichte in einem breiteren Begriff von Kommunikation aufgegangen. Die Sammlung umfasst heute Gemälde vom 17. bis zum 21. Jahrhundert, Skulpturen, Objekte und Multiples bis zur Gegenwart, Fotokunst und Kunst der Neuen Medien. Darunter befinden sich herausragende Werke von Künstlern wie Carl Spitzweg, Max Ernst, Franz Radziwill, Salvador Dalí und Joseph Beuys. Die Präsentation veranschaulicht die Struktur und die Geschichte der Sammlung anhand ausgewählter Werkgruppen.

Hummertelefon von Salvador Dalí, um 1936: Das Objekt verbindet einen damals in England gebräuchlichen schwarzen Telefonapparat mit der bemalten Gipsattrappe eines Hummers.
Salvador Dalí's Lobster Telephone, circa 1936: This object combines a typical black English telephone of that period together with a painted plaster of Paris dummy of a lobster.

Postgeschichte im Spiegel der Kunst

Seit der Antike befasst sich die Bildende Kunst mit Themen der Brief- und Schriftkultur sowie des Verkehrswesens und der Nachrichtensysteme. Einen ersten Sammlungsschwerpunkt bilden gegen Ende des 19. Jahrhunderts die Genremaler der Düsseldorfer und Münchener Malerschulen, von denen bedeutende Namen vertreten sind. Künstler wie Carl Spitzweg widmeten eine ganze Werkgruppe dem Thema des Reisens. Ein Kreis von „Postmalern" dokumentierte im Auftrag des Reichspostmuseums Berlin den Betriebsalltag der Reichspost. Unter ihnen ragen Otto Antoine, Otto Thiele, Friedrich Kleukens und Alexander Kircher heraus. Besonders Otto Antoine begründete seinen Ruhm als ehrgeiziger und produktiver Maler von Postthemen.

Im 20. Jahrhundert und in der klassischen Moderne traten Darstellungen hinzu, die die Geschichte der Telekommunikation, der optischen und elektrischen Telegrafie reflektieren. Als eines der wichtigsten Beispiele in der Sammlung dient Franz Radziwills Bild „Sender Norddeich". Werke

Sender Norddeich von Franz Radziwill, 1933: Das Gemälde zeigt die norddeutsche Deichlandschaft mit der Funkanlage des Senders „Norddeich". Die kleine Figur im Vordergrund macht die Dominanz der Technik gegenüber dem Menschen und der Natur deutlich.
Sender Norddeich by Franz Radziwill, 1933: The painting depicts the North German dike landscape and the radio installation of the "Norddeich" transmitter. The small figure in the foreground clearly shows how technology dominates over humans and nature.

Art and Communication

Ankunft des Postwagens von Carl Spitzweg, um 1855: Die Themen des Reisens und Wanderns, der Postkutschen und Eisenbahnen nehmen eine eigene große Gruppe im Werk Spitzwegs ein, wofür dieses Gemälde ein Beispiel ist.

The arrival of the stage coach by Carl Spitzweg, circa 1855. The themes of travel, walking, the stage-coach and railway form their own large group in Spitzweg's work, for which this painting is an example.

The Art Gallery

The Museum for Communication houses the Museum Foundation for Post and Telecommunication's art collection. A representative section is on show in the museum's permanent exhibition.

The origins of the collection go back to the initiative of Postmaster-General Heinrich von Stephan. Stephan's main interest lay in the works of art with a postal historical connection. This included genre paintings as much as extensive picture collections from prominent representatives of postal history or from scientists working in the field of communication.

The motif-orientated documentary function of art has in the collection's recent history become absorbed into the broader term "communication". Today the collection contains paintings from the 17th to the 21st century, sculptures, objects and multiples, photographs and new media art. Among them are the outstanding works from Carl Spitzweg, Max Ernst, Franz Radziwill, Salvador Dalí and Joseph Beuys. The gallery illustrates the structure and history of the collection on the basis of selected art groups.

Postal History in the Reflection of Art

Since Antiquity the plastic arts have chosen letter and writing culture, transport and communication systems as their subject matter. At the end of the 19th century the collection's initial focus concentrated on the genre painters from the Düsseldorf and Munich art schools from which have many prominent names. Artists such as Carl Spitzweg devoted an entire art series on the theme of travel. A circle of "post painters" was assigned by the Postmuseum to document the working life of the "Reichspost" Office in Berlin. The most prominent among them are Otto Antoine, Otto Thiele, Friedrich Kleukens and Alexander Kircher. Otto Antoine especially established his fame as an ambitious and productive painter of postal themes.

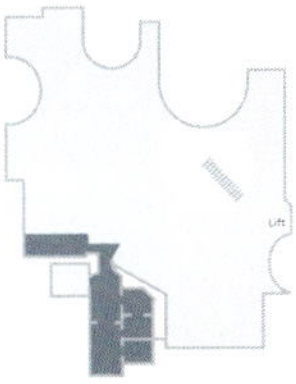

des „Blauen Reiters“ wie Gabriele Münters spätes Gemälde „Der blaue See“ verarbeiten Telegrafenmasten als Motive mit rein formalkompositorischer Funktion. Das Bildnis einer „Jungen Frau am Telefon“ des Frankfurter Malers Max Schüler zeigt als weitere Facette, wie die technische Entwicklung bereits in den Alltag hineinreicht und von einer bürgerlichen Schicht – gewöhnlich positiv – aufgenommen wird.

Mit Entwicklung der Kommunikationstechnologien werden Motive der Telekommunikation wie selbstverständlich von Künstlern adaptiert, verfremdet und in zum Teil kritischer Distanz mit neuen Inhalten belegt. Die Kunstsammlung besitzt zahlreiche Werke des 20. Jahrhunderts, die das Telefon und die Telefonie als Motiv verarbeiten, darunter Arbeiten von Arman, Jacques Lennep, Konrad Klapheck, Christo, Ed Ruscha und John Register.

Multiple „Fadentelefon“, Telefon S-E von Joseph Beuys, 1974: Das Objekt greift auf eine Frühform der Telefonverbindung zurück, das bereits im Jahr 968 n. Chr. durch den chinesischen Philosophen Kung-Foo Whing dokumentierte Fadentelefon.

Multiple "Thread Telephone", by Joseph Beuys, 1974. The object refers to an early form of telephone connection, documented by the Chinese philosopher Kung-Foo Whing in 968 A.D.

TribuT von Jean-Luc Cornec, 1989: Die Rauminstallation umfasst zwölf „Schafe“ aus Draht, Telefonapparaten, -schnüren sowie -hörern und ist audiovisuell erfahrbar, weil die Mitglieder der Herde durch einen Zufallsgenerator in verschiedenen Abständen und unterschiedlichen Tönen klingeln.
TribuT by Jean-Luc Cornec, 1989: This installation contains twelve "sheep" made of wire, telephone sets, leads and receivers. Various ring tones are set off at random, thus turning the flock into an audio-visual experience.

During the 20th century and in Classic Modern Art depictions were added, which reflect the history of telecommunication, optical and electric telegraphy. Franz Radziwill's picture "Sender Norddeich" serves as an outstanding example in the collection. Works from the "Blauer Reiter", such as Gabriele Münter's later painting "Der blaue See", uses telegraph pylons as motifs in a purely formal compositional function. The portrait of "A young woman on the telephone" by the Frankfurt artist Max Schüler shows how technical developments had entered the daily lives of bourgeois society and had been accepted in an ordinary positive way.

With the development of communication technology, artists adopted motifs taken from telecommunications as a matter of course, then alienated them and gave them a new content with critical connotations. The collection includes many works of art from the 20th century, which used the telephone and telegraphy as a motif, including the works of

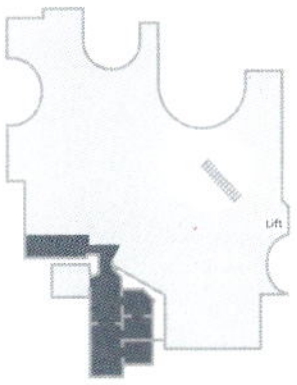

Ideal postcard von Max Ernst, 1947/48: Das Gemälde gehört zu der Reihe kleinformatiger Landschaften, die Max Ernst nach seiner Emigration malte. Das Thema Postkarte genoss im Kreis der Surrealisten einen hohen Stellenwert.
Ideal postcard by Max Ernst, 1947/48: The painting belongs to a series of small format landscapes, all of which were painted by Ernst after his emigration. Postcards were a highly rated theme among the Surrealists.

Funktionsträger der Massenkommunikation wie Fernsehen, Radio, Fax- und Kopiergerät sowie Computer werden seit den 1960er Jahren selbst zu Ausdrucks- und Gestaltungsmedien, etwa in Ed Kienholz' Multiple „TV-Billionaire" oder Klaus Geldmachers Auflagenobjekt „Geldmacher 2b". Außerdem befassen sich Künstler mit Sprache und Zeichen, stehen wie Helmut Löhr in der Tradition der „Visuellen Poesie" oder greifen wie Brigitte Kowanz in ihrer Arbeit „Transformation – Information" Zeichen des Morsealphabets zur Verschlüsselung von Botschaften auf.

Traditionelle postalische Informationsträger wie die Briefmarke und die Postkarte sind konstitutiver Bestandteil von Künstler- und Kommunikationsnetzwerken, in der Mail Art und in davon unabhängigen Formen – auch dazu finden sich Beispiele in der Kunstsammlung.

Arman, Jacques Lennep, Konrad Klapheck, Christo, Ed Ruscha and John Register.

Since the 1960s, media of mass communication like television, radio, fax, photocopier as well as the computer have become means of expression and design, e.g. Ed Kienholz' multiple "TV-Billionaire" or Klaus Geldmacher's "Geldmacher 2b". In addition, artists have dealt with language and symbols. Like Helmut Löhr, they stand in the tradition of visual poetry or, like Brigitte Kowanz in her work "Transformation – Information"; they take up symbols of the Morse code to encrypt messages.

Traditional postal information carriers such as the postage stamp and the postcard are constitutive components of art and communication networks, in mail art and other independent forms. There are also examples of these in the art gallery.

Angebote für Kinder

Kinderwerkstatt
Im I. OG ist ein großer Mitmachbereich speziell für Kinder ab sechs Jahren eingerichtet. „Hands on" lautet das Motto an zahlreichen Stationen, wo man spielerisch verschiedene Wege und Möglichkeiten der Kommunikation erkunden und ausprobieren kann. Die Aktivitäten reichen vom Zeichnen mit dem Federkiel bis zum Malprogramm oder Chat am Computer, vom Drucken und Stempeln bis zum Fernsprechen via Bildtelefon. Auch per Rohrpost kann eine Nachricht eigenhändig in eine Kartusche gesteckt und durch das transparente Röhrensystem geschickt werden. Besonders beliebt, sogar bei den Erwachsenen, ist die so genannte Erfinderwerkstatt, wo aus Elektroschrott fantasievoll Neues kreiert wird.

Offers for Children

Children's Workshop

A large workshop has been set up on the first floor for children aged six and over. At numerous stations they can explore and experiment hands-on the various ways and possibilities of communication. The range of activities extends from drawing with a quill, working with computer graphics, chatting on the computer, printing and stamping or phoning with a visual telephone. Messages can also be posted through a transparent pneumatic dispatch system. Particularly popular, also among adults, is the so-called inventors' workshop where new creations are put together from scrap.

Außerdem gibt es in der Kinderwerkstatt monatlich wechselnde Sonderaktionen, die thematisch zu den Jahreszeiten passen – vom Herstellen origineller Weihnachts- und Osterpost über Sandbildbasteleien bis zur Kreation gruseliger Halloween-Masken.

Alle Angebote dieses Mitmachbereichs werden von pädagogisch geschulten Mitarbeiterinnen und Mitarbeitern angeleitet und betreut – und das während der gesamten Öffnungszeiten des Museums. Große und kleine Besucher sind jederzeit herzlich willkommen, eine Anmeldung ist nur bei Gruppen erforderlich! (Einlass jeweils zur vollen Stunde.) Über 30000 Besucher jährlich zählt allein dieser aufpreispflichtige Bereich in jedem Jahr.

Besonders beliebt: Die Rohrpost, bei der Kinder eigene Nachrichten durch ein transparentes Röhrensystem schicken können.
Particularly popular: The pneumatic dispatch system. Children can send their messages through a transparent tube system.

Für Familien mit Kindern, Schulklassen und außerschulische Gruppen gibt es darüber hinaus spezielle museumspädagogische Angebote. Neben den klassischen Führungen erweisen sich Ferienworkshops, die Ausrichtung von Kindergeburtstagen (gemeinsam mit dem Café) sowie die Kinderpost als besonders erfolgreich. Dort ist in einem separaten Raum eine kleine Stadt mit Häusern, Geschäften und einem Postamt aufgebaut. Hier können sich die Kinder in Rollenspielen als Briefträger, Polizist, Apotheker, Pizzaverkäufer oder Blumenhändler versuchen. Sie schreiben oder malen Briefe, je nach Alter, kaufen Briefmarken und erfahren spielerisch, wie die Post an ihr Ziel kommt. Wie der Ablauf im wirklichen Leben geschieht, zeigen ein Film und eine moderne Briefverteilanlage, die vorgeführt werden kann.

Beratung und Anmeldung
zu Kinderpost, -werkstatt und -geburtstagen
unter 069 - 60 60 321
Für Führungen und Schulklassen
unter 069 - 60 60 310
oder per Mail:
mkf.paedagogik@mspt.de

Additionally, the children's workshop has a changing monthly special with a seasonal theme: Unusual Christmas and Easter cards, creative sand pictures and spooky Halloween masks. All of the workshops' offers are instructed and supervised by our pedagogically trained staff – throughout the museum's regular opening hours. Young and old visitors are welcome to join in at all times, advanced booking is only required for groups! (Entrance is on the hour.) Although there is an entrance fee, over 30000 visitors come to this area each year.

The museum offers special educational programmes for families with children, school classes and groups. Beside the classic guided tour, holiday workshops, organised children's birthdays (together with the café) the children's post has proven to be extremely popular. The children's post is situated in a separate room with a little town of houses, shops and a post office. Here the children can play at being postmen, chemists, pizza bakers or florists. They can write or draw letters, buy stamps and find out how mail arrives at its destination. A film and a letter distribution machine demonstrate how this works.

Information and admission children's post, workshop and birthdays
Telephone: 069 - 60 60 321
Guided tours and school classes
Telephone: 069 - 60 60 310
Or via mail:
mkf.paedagogik@mspt.de

Produkt der „Erfinderwerkstatt" – immer wieder werden die Elektronikschrottteile für den Bau von Figuren und Tieren genutzt.
Product of the "Inventors Workshop" – where electronic scrap is always used for constructing figures and animals.

Wechselausstellungen

Das Frankfurter Museum hat zwei Bereiche, die kontinuierlich mit Wechselausstellungen bespielt werden. Im ersten Obergeschoss befindet sich das so genannte Forum, ein exquisiter Ausstellungsraum mit Blick auf die Frankfurter Skyline, der zugleich über besondere klima- und sicherheitstechnische Voraussetzungen verfügt. Hier wird auf rund 150 qm ein mehrmals im Jahr wechselndes Ausstellungsprogramm geboten, das besonders aktuelle Bezüge aufgreift und Kooperationen sucht, so zum Beispiel mit dem jeweiligen Gastland der Buchmesse, mit anderen Museen, Institutionen und Universitäten.

Das gesamte zweite Obergeschoss des Museums ist die Hauptfläche für große Wechselausstellungen. Auf 550 qm ergibt sich ein vielfach nutzbarer attraktiver Raum, der sowohl mit reizvollen Ausblicken zum Park bzw. zur Frankfurter Skyline als auch in absoluter Konzentration auf die Exponate abgedunkelt genutzt werden kann. Die Bandbreite der gezeigten Wechselausstellungen ist groß. Sie reicht von kunst- und kulturgeschichtlichen Themen bis hin zur Technikhistorie – stets auch mit aktuellen Bezügen. Es gehört zum Konzept der Museumsstiftung, dass die in Frankfurt und Berlin konzipierten großen Wechselausstellungen anschließend zu anderen Standorten wandern. Auf diese Weise kann eine Ausstellung in bis zu vier Großstädten gezeigt werden. Durch diesen Mehrfacheinsatz werden die Finanzmittel besonders effektiv eingesetzt und in der Öffentlichkeit erreichen diese Wechselausstellungen eine große Resonanz.

Kataloge der Museumsstiftung Post und Telekommunikation seit 1995.
Catalogues of the Museum Foundation Post and Telecommunication since 1995.

Temporary Exhibitions

The Frankfurt museum has two areas, which have constant displays of temporary exhibitions. Situated on the first floor is the Forum, an exquisite exhibition room with a view onto the Frankfurt skyline. At the same time it is equipped with special climatic and security requirements. Temporary exhibition programmes, which change several times a year, are presented on an area of 150 square metres. They take up contemporary issues and try to attract cooperation partner, e.g. the annual guest country of the Frankfurt book fair, other museums, institutions and universities. The entire second floor provides the main area for large temporary exhibitions. A floor space of 550 square metres can be utilised in many ways. The room offers attractive views onto the park and the city's skyline, but it can also be darkened in order to allow absolute concentration on the exhibits. The range of temporary exhibitions, which have already been on display, is vast. They extend from art, culture and historical to technical history themes, always having a reference to contemporary issues. It belongs to the Museum Foundation's concept that large

Großer Andrang anlässlich des jährlich stattfindenden Frankfurter Museumsuferfestes.
Great crowds on the occasion of the anual Frankfurt Museum Quarter Festival.

Abb. S. 131: „Abends, wenn wir essen, fehlt uns immer einer", klagt dieses Mädchen über die Abwesenheit ihres Vaters im Zweiten Weltkrieg. Mit einer gleichlautenden Ausstellung widmete sich das Museum im Jahr 2000 dieser bedrückenden Phase deutscher Geschichte, indem es Kinderbriefe an ihre Väter vorstellte. Der Katalog und ein dazu erschienenes Lesebuch haben über die Ausstellung hinaus Bestand und sind immer noch erhältlich.
"In the evenings, at supper, there's always someone missing": This girl laments about the absence of her father during the Second World War. Under the same title the museum devoted an exhibition in the year 2000 on this sad period of German history by displaying children's letters to their fathers. Even after the end of the exhibition the catalogue and an accompanying reading book are still available.

Das Frankfurter Haus ist hinsichtlich der Wechselausstellungen besonders kreativ. Die Ausstellungen reichen von klassischen Themen wie „Der Brief – Eine Kulturgeschichte der schriftlichen Kommunikation" über „Wer nicht denken will fliegt raus – Joseph Beuys Postkarten", „DIN ART 4 – 560 Künstler und ein Formular" bis hin zu der viel beachteten Ausstellung über judenfeindliche Postkarten („Abgestempelt") sowie „Streng geheim – Die Welt der verschlüsselten Kommunikation" oder „Geld oder Leben! – Vom Postkutschenüberfall zum virtuellen Datenraub". Zu all diesen Ausstellungen sind begleitende Katalogbände erschienen, die auch über die Laufzeit hinaus an der Museumskasse erhältlich sind.

„DIN ART 4 – 560 Künstler und 1 Formular", eine Sonderausstellung auf Basis der Sammlung Klaus Hömberg.
"DIN ART 4 – 560 artists and a form", a special exhibition on the basis of the Klaus Hömberg collection.

Das jeweils aktuelle Programm erfahren Sie unter: www.museumsstiftung.de/Frankfurt.

temporary exhibitions, which originated in the Frankfurt and Berlin museum, should then go on tour to the Foundation's other houses. This allows an exhibition to be presented in up to four other major German cities. By doing this it is possible to use the financing funds in a particularly effective manner, at the same time reaching a far greater public.

Throughout its history the Frankfurt museum's temporary exhibitions have been very creative. Exhibition topics covering "The Letter – A Cultural History of Communication", "'Those who are not willing to think will be thrown out' – The postcards of Joseph Beuys", "DIN ART 4 – 560 artists and a form", the highly acclaimed exhibition on anti-Semitic postcards ("Abgestempelt"), "Top Secret – The World of Encrypted Communication" and "Your money or your life – From post coach robbery to virtual data theft". All of these exhibitions have an accompanying catalogue that can be purchased at the museum desk.

Find out more about our current exhibitions on: www.museumsstiftung.de/Frankfurt.

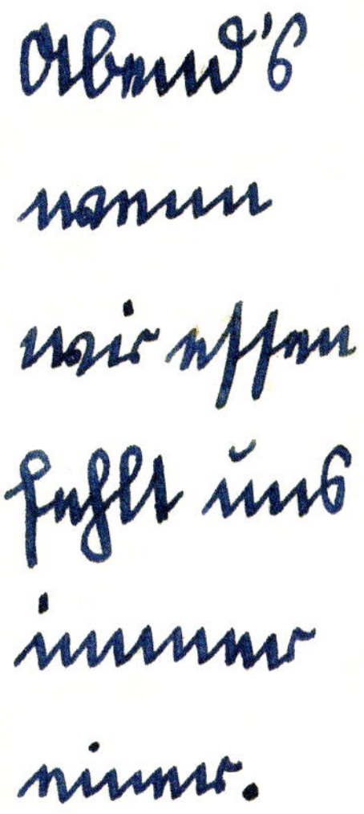

Funkstation

In der Funkstation auf dem Dach des Museums geben Mitglieder des Deutschen Amateur-Radio-Clubs Einblicke in den weltumspannenden Funkverkehr. Sie führen die dazu notwendigen Geräte anschaulich vor und erläutern deren Funktionsweise.

Die Funker verständigen sich über Sprechfunk, Morsetelegrafie, Bild- und Satellitenfunk u.a.m. Weltweit betreiben etwa zwei Millionen Funkamateure – in Deutschland sind es zirka 80 000 – dieses technisch orientierte Hobby, bei dem auch noch heute viel selbst gebaut und gebastelt wird. Mit ihrem Hobby tragen sie damit auch zur weltweiten Völkerverbindung bei.

In der Funkstation des Museums dürfen die Besucher zwar nicht selbst Hand anlegen, denn für das Funken benötigt man eine entsprechende Lizenz, aber sie können verfolgen, wie Mitteilungen aus Russland oder Japan eintreffen, in die USA oder nach Brasilien gesendet werden. Außerdem gibt es historische Geräte – wie zum Beispiel ein umgebautes Flugfunkgerät aus dem Jahr 1943 – zu besichtigen.

Amateur-Funkstation auf dem Dach des Frankfurter Museums.
Amateur radio station on the roof of the Frankfurt museum.

Radio Station

The radio station is situated on the roof of the museum. Members of the German Radio Amateurs Club give visitors the opportunity to take a glimpse at the world of radio communications. They show the equipment required and share their knowledge of how amateur radio works.

Radio amateurs communicate with each other via voice, Morse code, television and satellite data. Around two million people are involved in this technically orientated hobby worldwide, 80 000 of whom operate from Germany. Even to this day they still have to build and construct from scratch. International understanding is actively promoted through the radio amateur's hobby.

As a license is required to do so, it is not possible for the museum's radio station's visitors to operate the radio sets themselves. However, they can follow how messages arrive from Russia or Japan, or how they are transmitted to the USA and Brazil. In addition the radio station exhibits old wireless sets, e.g. a converted wireless set which was originally used in a Second World War bomber.

Öffnungszeiten:
Mittwochs 10 – 17 Uhr,
donnerstags 10 – 13 Uhr
und jeden 1. Sonntag
im Monat 13 – 17 Uhr
oder nach Anmeldung.
Kontakt: dlofm@qsl.net

Opening times:
Wednesday 10 am – 5 pm,
Thursday 10 am – 1 pm
and every first Sunday
in the month 1 – 5 pm
or by appointment.
Contact: dlofm@qsl.net

Radio Station

Das Museumsdepot

Sammeln – Bewahren – Forschen – Vermitteln: So lautet die Definition der Aufgaben eines Museums. Doch die Besucher erleben nur die Vermittlungstätigkeit in Form von Ausstellungen, Führungen oder museumspädagogischen Programmen. Die Depots und Restaurierungswerkstätten bleiben ihnen meist verschlossen.

Ein Objekt und seine Geschichte: Die Begleitinformationen zu jedem Exponat werden in Beiakten aufbewahrt. Hier ein Blick ins Archiv.
An object and its history: Accompanying information to each exhibit is kept on file. Here a glimpse into the archives.

Dabei geben die Sammlungen dem Museum sein besonderes Profil, denn aus diesem Fundus schöpft es für seine Ausstellungen. Die ältesten Objekte gehen zurück auf die 1872 gegründeten Sammlungen des Reichspostmuseums in Berlin – seinerzeit eines der ersten Technikmuseen der Welt. Daher beherbergt das Depot eine Vielzahl an seltenen und kostbaren Objekten aus der Post- und Kommunikationsgeschichte: Auf rund 15 000 qm Nutzfläche im ehemaligen Fernmeldezeugamt in Heusenstamm sind 375 000 Objekte untergebracht. Dazu gehören etwa Postkutschen und historische Kraftfahrzeuge, Telegrafenapparate und Telefone, Radio- und Fernsehgeräte. Aber es gibt auch Gemälde, Kunstgewerbe und eine umfangreiche Kollektion von historischem Postspielzeug zu bestaunen.

The Museum's Depot

Collect – Preserve – Research – Imparting knowledge: This is the definition of a museum's task. Visitors, however, only experience the aspect of imparting knowledge in the form of exhibitions, guided tours or educational programmes. The visitor almost never sees the depots and the restorer's workshop. Collections provide a museum with its very own profile and a depot is a museum's source of exhibits. The origins of the oldest exhibits date back to the "Reichspost" Office's collections, which were founded in 1872. At that time it was one of the first technical museums worldwide. Consequently, the depot is home to numerous rare and precious objects. On a floor space of 15000 square metres the former telecommunications depot in Heusenstamm now houses around 370000 objects. These include stage-coaches, historical motor vehicles, telegraphs and telephones, radio and television sets. Additionally there are paintings, arts and crafts and an extensive collection of historical toys that have a post theme.

Die Fahrzeughalle im Heusenstammer Depot.
The vehicle pool in the Heusenstamm depot.

Der Schwerpunkt des Frankfurter Depots liegt auf den Gebieten Nachrichtentechnik, Kraftfahrzeuge und Kunst, denn aus ökonomischen Gründen teilt sich das Frankfurter Museum die Sammlungstätigkeit mit dem Berliner Museum für Kommunikation. Im dortigen Magazin werden Objekte aus der Postgeschichte aufbewahrt – Briefkästen, Uniformen, Fahnen oder Postschalter. Die Briefmarkensammlung befindet sich im Archiv für Philatelie in Bonn.

An jedem ersten Freitag im Monat (14 Uhr) ermöglicht eine Führung in Heusenstamm (Dauer: 90 Minuten) den Blick hinter die Kulissen der Museumsarbeit und tief in die Historie des Post- und Fernmeldewesens (Anmeldung erforderlich unter 069 - 60 60 321 oder mkf.paedagogik@mspt.de.)

The Frankfurt Depot's main focus is on the field of telecommunications, vehicles and art. For economic reasons the Frankfurt museum shares its collecting activities with the Berlin Museum for Communication. Berlin's magazine is home to objects of postal history, e.g. letterboxes, uniforms, flags or post office counters. The Collection of Stamps is situated in the Archive of Philately in Bonn.

On the first Friday in the month at 2 pm guided tours of the depot give visitors a chance to look behind the scenes, to see the museum at work and provide a deeper insight into the history of the post and telecommunications. (Booking is required. Please call 069 - 60 60 321 or e-mail mkf.paedagogik@mspt.de.)

Kilometerlange Regalreihen, hier von Fernseh- und Rundfunkgeräten aus verschiedenen Epochen, über Schmuckhüllen bis hin zu Telefonapparaten aus früheren Jahrzehnten, zum Teil noch originalverpackt.
Kilometre long rows of shelves. Shown here are TV and radio sets from various periods, from decorative covers to telephone sets from earlier decades, partially still in their original packing.

Die Museumsstiftung Post und Telekommunikation

Das Frankfurter Museum gehört zur Museumsstiftung Post und Telekommunikation, die 1995 im Zuge der Postreform gegründet wurde. Weitere Museen der Stiftung gibt es in Berlin, Hamburg und Nürnberg, dazu in Bonn das Archiv für Philatelie. Finanziell getragen wird die Museumsstiftung von den Aktiengesellschaften Deutsche Post und Deutsche Telekom. Die Unterhaltung der vier Museen und ihrer umfangreichen Sammlungen durch die privaten Unternehmen stellen ein einzigartiges Engagement im Sinne des Public Private Partnership dar. Das oberste Leitungsgremium der Stiftung, das Kuratorium, übernimmt dabei die Rolle eines Verwaltungsrats, dem je drei Vertreter der Bundesregierung, der Deutschen Post und der Deutschen Telekom sowie zwei Vertreter des Deutschen Museumsbundes und ein Vertreter des Bundesrates angehören.

The Museum Foundation for Post and Telecommunication

The Frankfurt museum belongs to the Foundation for Post and Telecommunication, which was founded in 1995 during the German postal reform. The Foundation has additional museums in Berlin, Hamburg, Nuremberg and the Archive of Philately in Bonn. The Museum Foundation is funded by the stock companies Deutsche Post and Deutsche Telekom. The maintenance of the four museums and their extensive collections provided by these private enterprises involves a unique participation in the form of a public-private-partnership. The "Kuratorium" is the leading managing committee of the Foundation, assuming the role of an administrative council. It is made up of twelve representatives, three from German Federal Government, three from the German Post and three from the German Telekom, as well as two representatives from the German Museum Federation and one representative from the German Federal Council.

Die Museen für Kommunikation in Nürnberg, Frankfurt, Berlin und Hamburg laden ein, Geschichte, Gegenwart und manchmal auch Zukunft der Kommunikation hautnah zu erleben.

The Museums for Communication in Nuremberg, Frankfurt, Berlin and Hamburg invite you to realistically experience the past, the present and sometimes also the future of communication.

Innerhalb der Stiftung gibt es eine enge Zusammenarbeit zwischen den Museen. Jedes hat dabei sein spezifisches Profil: Die beiden großen Häuser, Frankfurt und Berlin, teilen das Erbe der von Heinrich von Stephan gegründeten Sammlung. Das Berliner Haus konnte nach einer langen und wechselvollen Geschichte im Jahr 2000 grundlegend saniert und mit neuer Dauerausstellung in dem Ende des 19. Jahrhunderts entstandenen Bau des Reichspostmuseums wieder eröffnet werden. Das Museum für Kommunikation Nürnberg ist durch die enge Kooperation mit dem Museum der Deutschen Bahn geprägt: Gemeinsam sind beide in dem Gebäude des Verkehrsmuseums untergebracht, das eines der ältesten technikgeschichtlichen Museen Deutschlands ist. Das Hamburger Haus schließlich geht auf eine postgeschichtliche Sammlung aus den 1930er Jahren des letzten Jahrhunderts zurück und präsentiert heute Kommunikationsgeschichte vor allem mit maritimem Schwerpunkt.

Die Museumsstiftung ist in den einschlägigen Fachverbänden der internationalen Museumsorganisation vernetzt. Darüber hinaus ist sie Begründerin der CECOMM (Conference of the European Communications Museums), ein Forum für Diskussionen, aber auch zur Anbahnung grenzüberschreitender Kooperationen und Joint Ventures (weitere Informationen unter www.cecomm.de).

Within the Foundations, the four museums cooperate very closely. Each one has its own specific profile: The two largest houses, one in Frankfurt, the other in Berlin, share the inheritance of the collections founded by Heinrich von Stephan. After a long and varied history, the 19th century building of the former "Reichspost" Office was extensively renovated and reopened in the year 2000. Through their close cooperation the Nuremberg Museum for Communication is influenced by the German Rail Museum. Both are housed in the building of the Transport Museum, one of Germany's oldest technology museums. The Hamburg Museum originates from a post historical collection from the 1930s. Today it presents communication history with a strong maritime focus.

The Museum Foundation is linked to the relevant associations of the international museum organisation. In addition it is the co-founder of the CECOMM (Conference of the European Communications Museums), a forum for discussions and initiation of international cooperations and joint ventures. (Further information on www.cecomm.de.)

(Fast) alle Mitarbeiterinnen und Mitarbeiter der Museumsstiftung bei einem Treffen 2002 in Frankfurt.
(Nearly) all the staff of the Museum Foundation during a get-together in 2002 in Frankfurt.

Geschichtsverein

Die Deutsche Gesellschaft für Post- und Telekommunikationsgeschichte (DGPT) ist ein als gemeinnützig anerkannter Verein. Er gehört mit mehr als 15000 Mitgliedern zu den bedeutendsten Geschichtsvereinen in Deutschland.

Die Bandbreite der bearbeiteten Themen reicht vom Botenwesen der Antike bis zur E-Mail, von der Schiffspost bis zur Philatelie, umfasst die Technikgeschichte der Medien ebenso wie deren Auswirkungen in sozialer, kultureller und organisatorischer Hinsicht. Ihre Aufgabe versteht die DGPT e.V. vor allem als Bildungsauftrag: Sie will die Geschichte der Kommunikation anschaulich vermitteln, deren Erforschung fördern und Bezüge zu aktuellen Fragestellungen herstellen.

Gegründet wurde der Verein im Jahr 1949. Er blickt auf eine wechselvolle Geschichte zurück – und trägt seinen heutigen Namen erst seit dem Jahr 1994. Wichtigstes Organ der DGPT ist das viermal im Jahr erscheinende Magazin für Kommunikationsgeschichte mit dem Titel „Das Archiv". Auf rund 100 Seiten, mit zahlreichen farbigen Abbildungen werden in der Zeitschrift jeweils mit inhaltlichen Schwerpunkten aktuelle Themen vor dem Hintergrund ihrer Historie sowie Kommunikationsgeschichtliches aus sechs Regionen behandelt.

Der Verein steht in enger Beziehung zur Stiftung zur Förderung der Philatelie und Postgeschichte und zur Museumsstiftung Post und Telekommunikation mit ihren angegliederten Museen. In einem weiteren Sinn versteht er sich als Freundeskreis der Museen.

Kontakt: Geschäftsstelle der DGPT
Schaumainkai 53, 60596 Frankfurt am Main
www.dgpt.org
Mitgliedschaft inklusive Abonnement des Magazins „Das Archiv": 18 Euro/Jahr.

The Historical Society

The German Society for Post and Telecommunication History (DGPT) is recognised as a non-profit making organisation. It has over 15000 members and is one of Germany's significant historical societies.

Its topics range from messenger services in Antiquity to E-mail, from maritime post to philately. It embraces the technical history of the media and its effects on social, cultural and organisational developments. The DGPT sees education at the heart of its work: Its aims are to impart the history of communication, to further its research and to establish correlations with contemporary issues.

The Society was founded in 1949 and can look back upon a varied history. Only in 1994 did it receive its present name. The DGPT's main mouthpiece is the quarterly magazine "Das Archiv". On 100 pages with numerous colour illustrations, each issue of the magazine focuses on current themes in the context of their history. Additionally, it deals with the communication history of six regions.

Since the Society stands in close relationship to the Museum Foundation Post and Telecommunication and its associated museums, it also perceives itself in the broadest sense as the museums' advocate.

Contact: Main office of DGPT
Schaumainkai 53, 60596 Frankfurt am Main
www.dgpt.org
Membership together with the subscription of the magazine "Das Archiv": 18 Euro/year.

Das Museum als Veranstaltungslocation

Die preisgekrönte Architektur des Museums bietet ein einzigartiges Ambiente: Modern, lichtdurchflutet und offen präsentiert sich das Haus als Ort der Kommunikation und eignet sich daher für Veranstaltungen aller Art. Verschiedene Räumlichkeiten stehen zur Anmietung zur Verfügung: Der großzügig verglaste Lichthof bietet eine elegante Kulisse für ein festliches Abenddiner – schafft aber auch ein repräsentatives Umfeld für Vortragsveranstaltungen, Konzerte und Podiumsdiskussionen. Kleinere Tagungen sind auch tagsüber im technisch hochwertig ausgestatteten Filmsaal möglich und können abends in der Cafeteria und der angrenzenden Terrasse in zwangloser Atmosphäre ausklingen. Je nach Programm können auch die Ausstellungsräume des Museums selbst, insbesondere das Forum mit dem einmaligen Blick auf die Frankfurter Skyline, angemietet werden. Dann ist sogar eine Veranstaltung über drei Stockwerke mit direktem Blickkontakt zwischen allen Geschossebenen möglich.

Besuchen Sie die Räumlichkeiten auf unserer homepage oder vereinbaren Sie einen Termin vor Ort – wir finden das passende Ambiente auch für Ihre Veranstaltung!

Kontakt
E-Mail: mkf.vermietung@mspt.de
Telefon: + 49 (0) 69 - 60 60 330

Entscheidungsträger aus Wirtschaft und Politik, Wissenschaft und Kultur zu Gast im Frankfurter Museum.
Leading personalities from industry, politics, science and culture as guests of the Frankfurt museum.

The Museum, a Location for Events

The museum's award winning architecture offers a unique setting. It presents itself as modern, bright and open place of communication. It is therefore a perfect location for events of all kinds. Various rooms can be booked: The generously glazed light well provides an elegant backdrop for a festive evening dinner. It also serves as a representative surrounding for presentations, concerts and panel discussions. During the day, small conferences can be conducted in the technically highly equipped film auditorium and can be concluded in an informal atmosphere in the cafeteria with its adjoining terrace during the evening. Depending on the exhibitions programme, the rooms of the exhibitions themselves, especially the Forum with its unique view on the Frankfurt skyline, can also be booked. Ultimately, it is possible for events to take place on all three storeys, thereby enabling visual contact between all floors.

Visit our premises on our homepage or arrange an appointment. We will certainly find the right setting for your function!

Ausblick auf die einzigartige Skyline von Frankfurt als Hintergrund für ein TV-Interview mit Oberbürgermeisterin Petra Roth.

The view onto Frankfurt's unique skyline forms the backdrop for a television interview with mayor Petra Roth.

Contact
e-mail: mkf.vermietung@mspt.de
Telephone: + 49 (0) 69 - 60 60 330

Impressum
Colophon

Herausgeber
Editor
Helmut Gold
Text-/Bildredaktion
Picture and text edition
Friederike Bauer
Helmut Gold
Lektorat/ Schlusskorrektur
Proof reading
Klaus Beyrer
Übersetzung
Translation
Torsten Halsey

Gestaltung
Design
Lilli Messina
Gesamtherstellung
Production
Edition Braus
Fotografien
Photographs
Andreas Haller
Nasan Tur
Fotonachweis
Photographic credits
Museumsstiftung Post und Telekommunikation

ISBN 3-89904-244-1
ISBN 978-3-89904-244-3

Konzeption Dauerausstellung
Concept of the Permanent Exhibition
Klaus Beyrer
Frank Gnegel
Anja Eichler
Lioba Nägele
Torsten Halsey
Projektleitung
Overall content concept
Helmut Gold
Ausstellungsarchitektur
Exhibition Design
Studio Andreas Heller, Hamburg
Grafische Gestaltung
Graphic Design
Andreas Haller